MW01490133

l'ami de poche **casterman**

François Johan :
Né au cœur de l'Ile-de-France, en l'an 1946, François Johan, tout en étant pleinement attentif à tous les aspects de son époque, ne reste indifférent devant aucune merveille du Moyen-Age.

Il prend autant de plaisir à écouter Guillaume de Machaut qu'à entendre nombre de chanteurs à la mode et il respire mieux à Montfort-l'Amaury, devant les tours d'Anne de (Petite-) Bretagne qu'à Beaubourg. S'il regrette de ne pouvoir enseigner quelque parler médiéval dans son collège, il trouve grande joie aux rires d'enfants.

Raymond Monneins :
Raymond Monneins est né à Sens en 1913. C'est à Paris qu'il passe sa jeunesse et qu'il effectue ses études, avant la Seconde Guerre mondiale, à l'Ecole Nationale Supérieure des Arts Décoratifs. Il enseigne ensuite le dessin pendant trente-cinq ans à Vitry-le-François. Aujourd'hui retraité dans le Midi de la France, il illustre pour la première fois un livre de cette envergure (il illustrera les cinq volumes des chevaliers de la Table Ronde). Romantique attardé, comme il se dit lui-même, proche de la poésie, de l'humour et de l'imagination de Jérôme Bosch, il n'est pas insensible au mouvement surréaliste dont il est contemporain. C'est en écoutant *Parsifal* et *Tristan et Iseut* de Richard Wagner qu'il réalise à l'huile les compositions de ces romans du Graal avec la minutie des enlumineurs médiévaux.

LES CHEVALIERS DE LA TABLE RONDE

PERCEVAL LE GALLOIS

adapté par François Johan
Illustrations de Raymond Monneins

l'ami de poche **casterman**

Du même auteur, dans la même collection :

Série Les Chevaliers de la Table Ronde.
- *Les Enchantements de Merlin.*
- *Lancelot du Lac.*
- *Perceval le Gallois.*
- *La Quête du Graal.*
- *La Fin des temps chevaleresques.*

ISSN 0246-2753.

ISBN 2-203-13617-0

© *Casterman 1981.*

Le souci de fidélité aux textes originaux de cette adaptation et, parfois, des exigences stylistiques ont nécessité l'emploi de quelques mots dont l'usage est peu répandu aujourd'hui.

Voici une rapide définition du sens qu'a chacun d'eux dans le texte.

Adouber : Armer chevalier.
Baron : Grand seigneur du royaume.
Château : Le château fort lui-même mais aussi, parfois, la petite ville fortifiée qui l'entoure.
Destrier : Cheval de bataille.
Écu : Bouclier.
Haubert : Armure, cotte de mailles.
Heaume : Grand casque qui protège la tête et le visage.
Lignage : Ensemble des personnes d'une même descendance.
Maison : Ensemble de ceux qui vivent avec un seigneur.
Palefroi : Cheval de parade, de promenade ou de cérémonie.
Suzerain : Seigneur qui est au-dessus de tous les autres.

I

L'enfance de Perceval

EN la terre du Pays de Galles, vivait jadis un roi qui n'avait quasiment pas d'égal dans toute la Grande-Bretagne. Issu d'un des meilleurs lignages qui soient, il faisait montre d'un très haut mérite et d'une très grande valeur. Il savait, en toute circonstance, se conduire avec droiture et noblesse. Nombreux étaient ceux qui l'estimaient et le respectaient. Il possédait de fort belles terres et maints châteaux. Tous étaient entourés de riches bois et de plaisantes rivières où il pouvait chasser ou pêcher à loisir.

Un jour, hélas, il fut grièvement blessé aux jambes, au cours d'une joute cruelle, et il demeura infirme. Ce triste et douloureux événement survint à l'époque de la mort du roi Uter-Pendragon, père du roi Arthur, roi des deux Bretagnes. Bien vite, les grandes et belles terres qu'il avait accumulées grâce à son courage et à sa vaillance furent perdues et il vécut dans la pauvreté.

Ne sachant où se réfugier, il décida de se retirer en la Gaste Forêt, la plus déserte de toute la terre, où un manoir lui restait. Il s'y fit porter en litière. La demeure était située au cœur d'une agréable vallée où coulait un cours d'eau assez vif pour faire tourner un moulin. Sa femme et ses enfants l'accompagnèrent ainsi que ses gens qui travaillèrent la terre.

Ses fils, à l'exception du plus jeune d'entre eux, qui n'était pas encore sevré, se rendirent, sur ses conseils, dans diverses cours de grande renommée, pour être adoubés. Tandis qu'ils revenaient, après avoir été armés chevaliers, vers le vallon où leurs parents menaient des jours paisibles, ils furent tous malencontreusement tués par de vils agresseurs. Le roi eut si grand deuil, à la suite de ce drame, qu'il ne tarda pas à mourir de chagrin. Commença alors pour sa femme une vie bien amère.

Afin d'éviter d'être accablée d'un nouveau malheur, elle décida de protéger farouchement son dernier fils, qui avait nom Perceval, de toute rencontre avec la chevalerie. Elle donna ordre à tous ses gens de n'en souffler mot à l'enfant et de veiller qu'il demeurât dans l'ignorance absolue de ce monde où avaient péri tous ceux qui étaient chers à son cœur. C'est ainsi que Perceval fut élevé jusqu'à ce qu'il atteignît quinze ans.

A cet âge, il savait fort bien monter à cheval et lançait le javelot avec adresse. Ses cheveux étaient bruns, son cou blanc et délicat. Il avait les yeux bleus, la bouche souriante, les jambes fortes et longues et les épaules larges. C'était merveille de voir un si beau jeune homme.

II

La merveilleuse rencontre

U N jour, alors que Perceval s'apprête à enfourcher son petit cheval de
chasse et à partir, comme à l'ac-
coutumée, se promener dans le bois voisin,
sa mère l'appelle et lui dit :

— Beau doux fils, chassez autant qu'il
vous plaira les chevreuils et les cerfs. Mais,
si d'aventure, vous rencontrez dans la forêt
des gens tout couverts de fer qui chevauchent à grand fracas, ne vous approchez
surtout pas d'eux. Ce sont des créatures
diaboliques. Ils vous feraient grand mal.
Que votre seul souci soit de vous éloigner
le plus rapidement possible. Je vous con-
jure de suivre ma recommandation.

L'enfant répond :

— Dame, je ferai ainsi que vous le dites.

Et Perceval s'en va tranquillement en direction du bois voisin.

C'était à la douce époque où les arbres fleurissent, où les prés verdissent, où les oiseaux chantent avec délicatesse en leur langue et où toute chose rayonne de joie. Perceval, comme chaque matin, pénètre dans la forêt qui lui est familière. Son cœur s'emplit si fort du soleil et du chant des oiseaux qu'il laisse aller son cheval et se distrait à lancer ses javelots dans toutes les directions. Le temps passe paisiblement et agréablement.

Tandis que Perceval se divertit de la sorte, cinq chevaliers tout armés s'approchent. Ils chevauchent à grand bruit. Leurs armes heurtent les branches, leurs lances frappent leurs écus et les mailles de leurs hauberts crissent. Perceval les entend sans les voir. Il pense aussitôt aux précieux conseils que lui a donnés sa mère.

— Ma mère avait bien raison. Il n'est rien de plus terrifiant que ce grand fracas. Malgré le courage dont je sais faire preuve, je suivrai ses recommandations. Toutefois, avant de prendre la fuite, je frapperai le plus fort et le plus grand d'entre eux d'un de mes javelots. Les autres n'oseront sans doute pas approcher davantage.

Ainsi compte-t-il bien faire. Mais lorsque les chevaliers paraissent à découvert, Perceval est saisi d'émerveillement. Il ne peut plus esquisser le moindre geste. Les lances, les heaumes et les hauberts étincellent sous le soleil. Tout brille d'or et d'argent. Lorsqu'il revient de sa stupeur, l'enfant s'écrie :

— Ma mère s'est franchement trompée. Ce ne sont pas là des créatures diaboliques. Ceux que je contemple ne peuvent être que des anges.

Et il se jette à terre en signe de profond respect.

Un des chevaliers s'approche de Perceval ainsi prosterné. Il cherche à le rassurer.

— N'aie pas peur, jeune homme, qui que tu sois. Tu n'as aucune raison d'être effrayé. Ni mes compagnons ni moi n'avons l'intention de te faire le moindre mal.

Perceval répond :

— Je n'ai nulle peur. Mais, dites-moi, n'êtes-vous pas des anges envoyés par le Seigneur ?

— Non, par ma foi, répond le chevalier en souriant. Ce serait grande vilenie de chercher à te le faire croire. Je ne suis qu'un chevalier. Nous sommes à la recherche de cinq chevaliers et de trois jeunes filles qui les accompagnent. Dis-moi, en vérité, si tu les as vus passer.

— Vous êtes chevalier ! Par ma foi, je ne

sais ce que cela veut dire. Mais quelle est cette chose étrange que vous tenez à la main ?

— C'est une lance, enfant, mais réponds plutôt à ma question.

Perceval n'en fait rien. Il est tout absorbé par le bouclier dont il touche le bas.

— Et à quoi cela sert-il ?

— C'est mon écu. Il me protège contre les coups de lance ou les flèches. Il me garantit ainsi de mauvaises blessures. Mais, à la fin, me répondras-tu ?

Les autres chevaliers s'approchent à leur tour.

— Avez-vous obtenu une réponse de ce Gallois ? demandent-ils.

— Non pas, c'est plutôt lui qui me questionne.

Perceval poursuit :

— Quel est cet étrange vêtement que vous portez ?

— C'est mon haubert. Grâce à lui, tes javelots ne pourraient me faire aucun mal.

— Le ciel préserve les chevreuils et les cerfs d'en être munis ! s'écrie Perceval.

Le chevalier et ses compagnons sourient de cette remarque. Dans sa grande naïveté, sans malice, Perceval demande alors :

— Êtes-vous né ainsi protégé ?

13

— Non, bien entendu, répond le chevalier en riant franchement.

— Mais qui vous donna donc ces merveilleux vêtements?

— Je vais te le dire. Il y a quelques jours, le roi Arthur, en m'armant chevalier, m'a fait don de tout ce que je porte. Maintenant que j'ai satisfait, avec grande patience, toute ta curiosité, me diras-tu si tu as vu passer les chevaliers et les jeunes filles que mes compagnons et moi cherchons?

— Je ne saurais vous répondre. Mais, au-delà des bois qui entourent cette colline, les laboureurs de ma mère sont au travail. Ils vous diront mieux que moi si ceux à la recherche desquels vous êtes sont passés là.

A cette réponse, les cinq chevaliers piquent des deux dans la direction indiquée par Perceval, le laissant tout songeur.

III

Perceval quitte la Gaste Forêt

REVENU quelque peu de sa surprise, la tête rêveuse de toutes les réponses qui viennent de lui être faites, Perceval reprend lentement le chemin du manoir où l'attend sa mère. Elle commence à s'inquiéter de son retard à revenir. Dès qu'elle le voit, elle lui fait le meilleur accueil. Elle l'embrasse de nombreuses fois en l'appelant « Beau doux fils ». Perceval lui dit alors :

— Il faut que je vous dise, dame, que grande joie m'est advenue aujourd'hui. J'ai rencontré, en plein cœur de la forêt, des êtres que j'ai pris pour des anges tant ils étaient beaux. Ils m'ont dit qu'on les appelait des chevaliers. Sans doute auriez-vous pris, comme moi, grand plaisir à les contempler.

Perceval ne voit pas combien sa pauvre mère frémit tandis qu'il parle. Peu s'en faut qu'elle ne tombe pâmée. Lorsqu'elle parvient à dominer son émotion, elle dit, les larmes dans la voix :

— Ainsi donc, beau doux fils, est advenu ce que tant je redoutais. C'est à dessein que j'ai voulu que vous fussiez élevé dans l'ignorance totale de la chevalerie. Je voulais vous garder et vous protéger contre cet univers afin que vous ne connussiez pas le triste sort de votre malheureux père ou celui de vos pauvres frères.

Elle raconte à Perceval ce qui était arrivé à chacun, puis elle conclut :

— Comprenez-moi, vous seul me restiez comme unique joie et seul réconfort.

Perceval semble peu écouter les propos de sa mère, tout absorbé qu'il est dans sa pensée. Puis une autre préoccupation le tient.

— Dame, dit-il, je vous prie de faire en sorte que l'on me donne à manger car j'ai grand-faim.

Le repas achevé, Perceval n'a pas oublié sa rencontre du matin. Il dit à sa mère :

— J'aimerais fort aller chez ce roi qui fait les chevaliers.

La dame comprend qu'il ne sera pas long

le temps où elle pourra retenir son fils auprès d'elle. Bien qu'elle en soit fort dolente, elle lui fait préparer une tenue de
voyage. Peu après, elle la remet à Perceval
en lui disant :

— Beau doux fils, vous allez donc partir
par votre volonté. Rendez-vous à la cour
du roi Arthur, le roi des deux Bretagnes.
Demandez-lui de vous armer chevalier. Il
ne refusera certes pas de le faire dès lors

qu'il connaîtra votre lignage. Il vous faudra apprendre à vous servir des armes qui vous seront confiées. Une lourde tâche vous attend. Dès à présent, tenez compte de mes recommandations, qu'elles guident votre conduite. Si vous rencontrez une dame ou une demoiselle qui ait besoin d'aide, accordez-lui la vôtre sans retenue, car qui ne porte honneur aux dames perd le sien. Si elle vous offre le baiser, acceptez-le. Si elle vous remet l'anneau qu'elle porte, je ne vois nul inconvénient à ce que vous le preniez. Recherchez les hommes de bien et ceux qui sont sages. Parlez-leur et écoutez plus encore les conseils qu'ils vous donneront pour diriger vos actes. Enfin, si vous séjournez auprès d'un homme, demandez-lui son nom, car il n'est pas bon de l'ignorer longtemps.

— Dame, répond Perceval, je vous promets de faire tout ce que vous venez de dire.

Sans plus attendre, il prend congé de sa mère. Celle-ci l'embrasse longuement en soupirant.

— Allez, beau fils, et que Dieu vous donne plus de joie qu'il ne m'en reste.

Perceval monte sur son cheval de chasse et s'éloigne rapidement. A peine a-t-il parcouru la distance d'un jet de pierre qu'il se retourne. Il voit sa mère qui gît sur le sol, toute pâmée. Pourtant, il ne revient pas sur ses pas. Il fouette sa monture et s'en va, à grand allure, de par la forêt ténébreuse.

IV

La demoiselle à l'anneau

PERCEVAL chevauche solitaire toute la journée. Il passe la nuit dans la forêt. Dès le lever du jour, il est réveillé par le doux chant des oiseaux. Sans tarder davantage, il monte à cheval et reprend sa route.

Peu après, il parvient dans une clairière où se dresse une magnifique tente verte et rouge. Elle est surmontée d'un aigle doré qui luit sous le soleil. Perceval attache son cheval à un poteau et se hâte de pénétrer dans le pavillon dressé devant lui. Il ne trouve, à l'intérieur, qu'une jeune fille endormie. Elle est toute seule. Toutes ses demoiselles sont parties cueillir des fleurs nouvelles pour en joncher le sol de la tente, comme elles ont coutume de le faire chaque jour. A l'entrée du jeune homme, la jeune fille s'éveille en sursaut.

— Demoiselle, dit Perceval, je vous salue comme me l'a appris ma mère. Elle m'a bien recommandé de ne jamais manquer d'honorer une dame ou une demoiselle.

La jeune fille sourit de ce mélange de courtoisie et d'innocence.

— Jeune homme, je te remercie de ton salut. Maintenant, sauve-toi, il ne faut pas que mon ami te voie ici.

— Je ne partirai point que vous ne m'ayez donné un baiser, ainsi que ma mère m'a autorisé à le prendre.

Et Perceval s'approche de la jeune fille pour l'embrasser. La demoiselle cesse de sourire. Elle cherche à se défendre mais le jeune homme a les bras solides. Il la serre contre lui et l'embrasse plusieurs fois. Il semble ne pas vouloir s'arrêter. Il met pourtant fin à ses baisers, lorsqu'il voit qu'elle porte au doigt un anneau orné d'une claire émeraude.

— Demoiselle, ma mère m'a aussi appris que je pouvais prendre l'anneau qui brille à votre doigt.

— Ah, c'en est trop ! Si tu veux cet anneau, il te faudra l'obtenir par force, comme ce baiser, répond la jeune fille, très contrariée.

Perceval lui saisit la main, l'oblige à l'étendre et ôte l'anneau qu'il passe à son doigt. La demoiselle supplie :

— Laisse mon anneau. De grâce, ne l'emporte pas.

Perceval néglige toutes ces supplications. Il n'a pas mangé depuis longtemps. Il aperçoit, près d'un petit baril de vin, trois pâtés de chevreuil tout frais. Il en prend un, le mange de bon appétit tout en se servant abondamment du vin qu'il boit dans une coupe d'argent.

Quand il est bien rassasié et désaltéré, Perceval s'en va, content de lui, en recommandant la demoiselle à Dieu. Il la laisse tout en pleurs.

L'ami de la jeune fille ne tarde pas à revenir. En chemin, il aperçoit les traces d'un cheval.

— Demoiselle, dit-il en entrant, sans nul doute, un chevalier vous a rendu visite lors de mon absence.

— Il n'en est rien, messire. Un simple jeune homme, un Gallois, est passé. Il s'est bien mal conduit. Il a mangé un de vos pâtés et a bu de votre vin.

— Ce n'est pas une raison pour répandre tant de larmes. Je n'aurais rien dit quand il aurait mangé tous les pâtés et bu davantage.

— Hélas, messire, ce n'est pas tout. Il me prit un baiser de force et emporta mon anneau après l'avoir volé à mon doigt. J'aurais pourtant préféré mourir plutôt que de le perdre.

Le chevalier entre alors dans une grande colère.

— Je châtierai cet insolent. En attendant, je veux que vous me suiviez en tous lieux, vêtue de guenilles et montée sur un pauvre cheval qui ne sera pas soigné. Ainsi vous connaîtrez grande honte.

La demoiselle continue de verser d'amères larmes tout en jurant qu'elle n'est coupable de rien, que tout est arrivé malgré elle. Mais elle voit bien que rien ne fera fléchir son ami si jaloux. Elle maudit ce jeune homme inconnu qui lui a fait si grand tort et s'en est ainsi allé.

V

Morgane la fée

PERCEVAL reprend son chemin vers la cour du roi Arthur. De nombreux événements importants s'y sont passés ces dernières années.

Le roi Arthur avait une sœur. Elle avait nom Morgane. On l'appelait souvent Morgane la fée, car elle avait appris de Merlin l'Enchanteur de nombreux tours et enchantements. Elle aimait un chevalier avec passion mais celui-ci lui préférait une autre demoiselle, infiniment plus belle et plus douce. Dépitée et jalouse, Morgane voulut se venger. Elle emprisonna les amants derrière une infranchissable muraille d'air. Elle fit plus encore. Elle retint prisonniers tous ceux qui passaient et qui avaient, fût-ce seulement en pensée, trompé leur amour. On appelait cet endroit le Val des Faux

Amants ou le Val sans Retour car nul n'en pouvait sortir.

Lancelot, qui jamais sa dame n'avait trahie, n'eut aucun mal à franchir la muraille d'air. Il tua ensuite les quatre féroces dragons et les deux chevaliers qui défendaient l'entrée du Val et libéra ainsi tous les captifs qui lui en furent très reconnaissants.

Le soir même, malgré sa fureur qu'elle contient à grand-peine, Morgane offre l'hospitalité à Lancelot. Le chevalier accepte. Avec force déloyauté, elle profite du sommeil de son hôte pour le conduire, par enchantement, dans le lieu le plus secret et le plus retiré de la forêt.

Lorsque Lancelot s'éveille, elle lui annonce :

— Messire, vous êtes mon prisonnier. Il ne tient qu'à vous que je vous libère. Je vous demande peu de chose en échange de votre liberté. Remettez-moi l'anneau que vous portez au doigt.

Morgane sait ce que représente cette bague pour Lancelot. Elle a, pour le chevalier, plus de prix que tout. C'est un don que lui fit la reine Guenièvre. Lancelot répond aussitôt :

— Dame, vous n'aurez cet anneau sans le doigt qui le porte et qu'il ne saurait quitter.

Morgane le prie et le supplie. Devant les refus de Lancelot, elle le menace. Ses dures paroles sont aussi vaines que ses prières.

La fée a recours à une autre perfidie. Elle feint de se désintéresser de l'anneau. Puis, un soir, elle fait prendre au chevalier un breuvage qui le plonge dans un très profond sommeil. Il ne se rend compte de rien, lorsque, pendant la nuit, Morgane lui ôte la bague et lui en passe une au doigt qui paraît en tout point semblable à la première.

Elle envoie ensuite une messagère à la cour du roi Arthur en lui ordonnant de dire que Lancelot, gravement blessé, se repent de tous ses torts envers le roi Arthur et qu'il renvoie à la reine Guenièvre l'anneau qu'elle lui avait donné par amour.

Après le départ de la messagère, Morgane vient retrouver Lancelot. Elle lui dit :

— Messire, j'accepte de vous rendre votre liberté à la seule condition que vous vous engagiez à ne pas séjourner, de ce jour à Noël, en compagnie d'une quelconque dame de la cour du roi Arthur.

— J'en fais serment, répond Lancelot qui tiendra parole.

Il s'en va. Longtemps, il erre l'âme en

peine. Il ne peut retourner à la cour et la reine lui manque. En vue de chercher réconfort auprès de Galehaut, son ami, il part pour le Sorelois. Il y est fort bien reçu mais n'y trouve pas celui qu'il désirait rencontrer. L'excellent accueil qui lui est réservé, tous les égards qui lui sont prodigués ne parviennent pas à lui rendre joie et gaieté.

Une nuit, il est pris de violents saignements de nez. Au petit matin, il quitte son lit tout ensanglanté, s'en va sans rien dire et sort de la ville.

La venue de la messagère envoyée par Morgane a causé grand désarroi à la cour du roi Arthur. La reine Guenièvre est particulièrement bouleversée. Toutefois, ils sont nombreux parmi les chevaliers à ne pas vouloir croire à la mort de Lancelot. Lionel, son cousin, et Galehaut, son ami, décident de partir à sa recherche.

Après avoir erré dans de nombreuses contrées, Galehaut s'en retourne chez lui, en Sorelois. Il y apprend la venue de Lancelot. Ses gens lui disent comment, un matin, le chevalier s'en est allé de bonne heure sans rencontrer qui que ce soit, et aussi, que l'on avait trouvé ses draps pleins de sang. Galehaut ne doute plus de la mort de Lancelot. Il se lamente :

— Ah! Lancelot, vous m'étiez si bon compagnon!

La perte de son ami cause à Galehaut une peine si forte et si profonde qu'il ne tarde pas à dépérir. Il tombe malade et, malgré les efforts des médecins, ses forces ne cessent de décliner. Il trépasse peu après.

Ainsi que Galehaut le voulait, tous ses barons rendent alors hommage à son neveu Galehodin, ce dernier reçoit toutes les terres que possédait son oncle.

VI

Le défi de Méléagant

COMME de coutume, le jour de l'Ascension, le roi Arthur tient sa cour à Camaaloth. La joie ne règne certes pas. Au contraire, la tristesse emplit le cœur de chacun. Aucune nouvelle de Lancelot n'est parvenue. Galehaut, que tous appréciaient et aimaient, est mort, ainsi que, peu après, la dame de Malehaut qui lui avait donné son cœur. Lionel, que l'on attendait, vient de revenir. Il a parcouru en vain tout le pays. Nulle part, il n'a trouvé trace de son cousin.

Chacun demeure songeur. Le silence règne. Pénètre alors dans la grande salle un chevalier tout armé. Il traverse la pièce à grands pas. Il s'arrête devant le roi Arthur et dit, à haute voix, d'un ton farouche et hautain :

— Roi Arthur, je suis Méléagant, fils du roi Baudemagu de Gorre. Au royaume de mon père se trouvent de nombreux captifs du pays de Logres. Jamais aucun d'entre vous n'a pu les délivrer. C'est manque de vaillance de la part de vos chevaliers. Je vous défie de confier la reine Guenièvre à l'un d'entre eux. Qu'il la conduise dans la forêt. Je les y attendrai et combattrai votre champion. S'il triomphe, ce dont je doute fort, vos Bretons seront libres. Si, en revanche, il est défait, j'emmènerai la reine Guenièvre comme mon bien.

Aussitôt, le roi Arthur répond :

— Il est hors de question que la reine devienne ainsi l'enjeu d'une joute.

Méléagant n'en écoute pas davantage. Il sort sans saluer.

Keu, le sénéchal, est parti s'armer. Il revient et dit :

— Sire, je conduirai Madame la reine dans la forêt. Je combattrai cet insolent Méléagant et délivrerai les nôtres. Il n'y aurait pas grand honneur à ne pas relever le défi.

Le roi Arthur est très irrité et fort embarrassé. Il ne peut pourtant refuser, ce serait trop grand déshonneur. La reine Guenièvre ressent une vive inquiétude.

« Ah! si Lancelot était là », songe-t-elle.

Toutefois, elle est prête à partir en compagnie du sénéchal. Elle cherche à dissimuler ses larmes en montant sur le palefroi qui l'emmène.

Peu après, messire Gauvain dit :

— Sire, qu'adviendra-t-il si Keu le sénéchal est défait ?

— Hélas, beau neveu, mon inquiétude est grande en effet, répond le roi Arthur. Mais je ne pouvais m'opposer à la volonté de Keu. J'aurais été honni à jamais si aucun chevalier de ma maison n'était intervenu pour relever le défi de Méléagant.

— Sire, je pars à mon tour. S'il arrivait malheur, je saurais bien reconquérir la reine.

Messire Gauvain se fait armer et s'en va, accompagné d'écuyers qui mènent deux beaux destriers.

Lorsque Keu, le sénéchal, et la reine Guenièvre arrivent dans la forêt, ils trouvent Méléagant qui attendait.

— Madame, dit Méléagant à la reine Guenièvre, levez votre voile que je voie si vous êtes bien celle qui devait être conduite ici.

La reine Guenièvre lève son voile. Son regard est fier. Elle ne veut laisser voir aucun signe de peur.

Méléagant et Keu se rendent alors dans une lande voisine. Il leur faut avoir assez de champ pour combattre. Ils s'élancent l'un vers l'autre de toute la vitesse de leurs destriers. Keu, le sénéchal, a fait preuve d'une grande négligence. Dans sa hâte, il a omis de vérifier ses sangles. Elles rompent au premier choc. Le sénéchal n'est pas long à voler à terre. Il se fait fort mal.

Sans tarder davantage, Méléagant emmène la reine et Keu qu'il fait coucher sur une litière tant il est meurtri.

En chemin, messire Gauvain croise le cheval de Keu, les rênes rompues, les sangles brisées. Messire Gauvain ne met pas longtemps pour comprendre ce qui s'est passé. Il poursuit son chemin et arrive à l'orée de la forêt, sur les lieux de la joute.

Il aperçoit, peu après, un chevalier inconnu qui pousse un destrier fourbu. Le chevalier salue le neveu du roi Arthur et lui demande :

— Me ferez-vous, messire, prêt ou don d'un des destriers que mènent vos écuyers ?

— Je vous en prie, messire, choisissez

celui que vous préférez, répond courtoisement messire Gauvain.

Le chevalier inconnu enfourche aussitôt la plus proche des montures. Il pique des deux et disparaît dans la forêt. Il a tôt fait de rejoindre Méléagant et les siens. Malgré leur nombre, il les attaque sans hésiter un instant. Il fait merveille et en désarçonnne plus d'un, en met plusieurs autres mal en point. Mais, avec grande déloyauté, Méléagant frappe mortellement le destrier monté par le chevalier inconnu. Le cheval s'affaisse, le chevalier est à pied.

Méléagant s'éloigne sans tarder, suivi de tous ses gens et emmenant Keu, le sénéchal et la reine Guenièvre.

Longtemps, le chevalier court après eux. Il s'essouffle en vain.

VII

Le chevalier dans la charrette

ABOUT de forces, le chevalier inconnu continue de marcher dans la direction prise par les fuyards. Passe alors une charrette. Elle est conduite par un nain, le plus affreux qui soit.

— Nain, demande le chevalier, peux-tu me donner des nouvelles d'une dame qui va par là?

— Si c'est de la reine Genièvre que vous voulez parler, dit le nain avec malice, je peux vous répondre. Montez dans la charrette. Je vous conduirai où vous pourrez la voir.

Or, il faut savoir qu'à cette époque, monter dans une charrette signifiait pour un chevalier perdre tout honneur. On punissait les voleurs ou les meurtriers en les promenant ainsi de par la ville.

Lancelot s'inquiète :

— Me jures-tu de me montrer la reine si je monte ?

— Je te le jure. Tu la verras demain à l'aube.

Sans hésiter davantage, le chevalier monte dans la charrette. Survient alors messire Gauvain. A son tour, il demande au nain :

— Peux-tu me donner des nouvelles de la reine Guenièvre ?

— Il te suffit de monter dans la charrette, répond le nain.

— Je ne saurais faire un acte pareil.

Puis le neveu du roi Arthur s'adresse au chevalier.

— Je vous en prie, messire, prenez plutôt ce destrier qui me reste. Votre place n'est pas dans cette charrette.

Le chevalier reste silencieux.

— Il n'en fera rien, dit le nain, il doit rester ainsi jusqu'à ce soir.

Le neveu du roi Arthur n'ose insister. Il se rend compte que ce serait déplaire à ce chevalier inconnu. Silencieux, messire Gauvain suit la charrette que conduit le nain. Ils arrivent dans une cité.

Quand les gens de la ville voient le chevalier dans la charrette, ils ne tardent pas à

le huer. Ils l'insultent et lui jettent de la
boue, de la terre et des pierres. Le neveu
du roi Arthur est tout peiné que soit ainsi
raillé ce chevalier inconnu car il pense qu'il
ne le mérite pas.

Le nain arrête sa charrette devant une
auberge. Il dit au chevalier :

— Descends. Demain, à l'aube, je te
montrerai la reine Guenièvre.

Messire Gauvain loge dans une chambre
proche de celle du chevalier inconnu.

Le lendemain, à l'heure où le soleil commence à faire briller la rosée, le nain entre

36

dans la pièce où a dormi le chevalier. Il ouvre la fenêtre et dit :

— L'heure est venue de tenir mon serment. Viens voir.

Le chevalier approche. Il voit passer sous sa fenêtre la reine Guenièvre, Méléagant qui la mène et Keu, le sénéchal, que l'on porte en litière. Le chevalier regarde la reine avec grande tendresse. Il est si ému qu'il se penche de plus en plus. Il ne s'en rend pas compte. Il est sur le point de tomber. Heureusement, messire Gauvain entre dans la chambre à cet instant. Il se précipite pour tirer en arrière le chevalier inconnu. Pour la première fois, il voit celui-ci sans son heaume, le visage découvert. Aussitôt, le neveu du roi Arthur reconnaît Lancelot.

— Quelle joie de vous retrouver, messire. Je me doutais bien hier que vous ne pouviez être qu'un chevalier de grand mérite.

Et Lancelot raconte, qu'après son départ du Sorelois, il avait été recueilli par la Dame du Lac, celle qui l'avait élevé jadis. Pendant de longs mois, elle l'avait soigné et réconforté, jusqu'à ce qu'il soit complètement remis.

Quelques jours avant l'Ascension, elle lui avait fait préparer un cheval et des armes et elle lui avait dit :

— Soyez dans la forêt proche de Camaaloth, le jour de l'Ascension, vous y trouverez aventure.

Et Lancelot conclut :

— J'ai vu de loin la joute entre Keu, le sénéchal et Méléagant. Hélas, mon destrier était trop fourbu pour que j'arrive à temps. Je n'ai pu intervenir. Je vous ai rencontré au moment où je parvenais enfin sur les lieux.

VIII

Le pont de l'Épée

POUR rejoindre le royaume de Gorre
où Méléagant tient la reine Guenniè-
vre captive, deux chemins sont pos-
sibles. L'un mène au pont sous l'Onde,
l'autre conduit au pont de l'Épée. Le premier est fait d'une poutre unique, large seulement d'un pied et demi. Il coule autant
d'eau au-dessus que par-dessous. En outre,
un chevalier fortement armé le défend contre toute tentative de passage. L'autre est
fait d'une fine planche d'acier aussi tranchante que la meilleure épée.

Lancelot prie messire Gauvain de choisir
entre les deux voies. Le neveu du roi Arthur préfère la route qui mène au pont sous
l'Onde. Il offre volontiers à son compagnon
le destrier qui lui reste. Les deux chevaliers
se témoignent maintes marques d'estime et

d'amitié puis ils se séparent. Chacun est prêt à donner le meilleur de lui-même pour libérer la reine Guenièvre et délivrer les captifs.

Lancelot arrive devant le pont de l'Épée. Il regarde la lame brillante, polie et tranchante comme un rasoir. L'eau, en amont comme en aval, est noire et menaçante. Lancelot sait qu'y tomber serait périr sans espoir. Il ne frémit pas. Posément, il enduit de poix chaude ses gants, ses chausses de fer et les pans de son haubert. Il aura ainsi une meilleure prise sur l'acier redoutable. Afin de ne pas être gêné par son écu, il le place derrière son dos.

Lancelot lève la tête vers la tour où est enfermée la reine Guenièvre. Il trouve, à cette vue, un regain de cœur.

Le chevalier commence à ramper sur le pont acéré. L'acier perce bientôt son armure et le sang jaillit de ses mains, de ses pieds et de ses jambes. Il semble ne pas s'en soucier ni sentir la douleur. Il avance, les yeux fixés sur la fenêtre où il aperçoit la reine Guenièvre qui le regarde.

Enfin, il parvient de l'autre côté. Il s'assied quelques instants pour se reposer. Ses plaies sont profondes et douloureuses.

Ils sont nombreux ceux qui l'ont regardé traverser. Le roi Baudemagu de Gorre appelle son fils et lui dit :

— Je suis prêt à rendre la liberté aux captifs. Si tu laissais la reine Guenièvre accompagner ce chevalier qui vient de franchir le pont de l'Épée, tu serais hautement estimé et cette louange durerait éternellement.

Méléagant répond :

— Ce serait couardise. Je ne rendrai pas la reine sans combattre. Elle demeurera ici tant qu'elle n'aura pas été reconquise. Je jouterai contre ce chevalier inconnu et je triompherai de lui, même s'il est Lancelot.

Le roi Baudemagu regrette l'entêtement et la dureté de son fils. Il lui dit :

— En suivant mon conseil, tu n'aurais pas fait preuve de couardise mais tu aurais montré grande courtoisie. Agis comme tu l'entends, mais sache que je vais accueillir ce chevalier qui a gagné mon estime et acquis mon amitié.

Le roi Baudemagu va au-devant de Lancelot.

— Vous venez de faire preuve d'un grand courage et d'une rare vaillance, messire. Qui que vous soyez, laissez-moi vous offrir l'hospitalité pour la nuit. Malgré mon ardent désir de paix, vous devrez combattre dès que vos blessures seront guéries.

— Ne vous souciez pas de cela, messire, je suis prêt à combattre sur-le-champ.

Le roi Baudemagu cherche à convaincre Lancelot. C'est mal connaître le chevalier. Toutefois, celui-ci dit :

— Je n'ai qu'une hâte : combattre pour délivrer la reine. Mais, par égard pour l'hospitalité que vous me proposez, messire, j'accepte de remettre la joute à demain. Sachez que je ne saurai attendre davantage.

Le roi Baudemagu ordonne à ses gens de traiter ce chevalier avec la plus grande courtoisie.

Le lendemain, tout est prêt pour la joute. Le roi Baudemagu demande au chevalier :

— Si vous le voulez bien, messire, faites-vous connaître.

Le chevalier se découvre et tous voient bien que c'est là Lancelot. La reine Guenièvre en est tout émue.

Peu après, le signal est donné. Les deux chevaliers s'élancent l'un contre l'autre de toute la vitesse de leurs destriers. Ils se heurtent dans un grand fracas. La charge est d'une violence peu commune. Le coup de Méléagant disjoint l'écu de Lancelot. Heureusement pour ce dernier, la lance est arrêtée par le haubert et elle vole en pièces. Lancelot frappe si fort que le bouclier de Méléagant bascule et heurte la tempe du fils de Baudemagu. Les mailles de son haubert sont percées. Il tombe à terre. Lancelot, qui jamais ne combat à cheval un homme à pied, descend de son destrier et la lutte continue.

Les coups d'épée rompent les mailles qui tombent sur le sol déjà couvert de sang. Longtemps l'issue de la joute semble incertaine. Mais, par deux fois, Méléagant chancelle. Le roi Baudemagu de Gorre craint pour la vie de son fils. Il s'appoche de la reine Guenièvre.

— Dame, lui dit-il, je vous ai honorée de mon mieux pendant la captivité que vous avez dû souffrir. En échange, je vous prie, ayez pitié de mon fils en dépit de tous ses torts envers vous. Faites que Lancelot lui laisse la vie sauve.

La reine Guenièvre dit à voix haute :

— Je demande que cesse le combat.

A peine Lancelot a-t-il entendu le souhait de la reine qu'il range son épée. Mais, traîtreusement, Méléagant le frappe de toutes les forces qui lui restent.

— Honte à toi qui agis avec une telle félonie, dit le roi Baudemagu à son fils. Tu frappes alors que le combat est achevé.

Il fait emmener Méléagant par ses barons, mais le perfide crie :

— On me vole ma victoire, j'étais sur le point de l'emporter.

Alors il est décidé qu'un nouveau combat aura lieu à la cour du roi Arthur, entre Lancelot et Méléagant, avant quarante jours.

IX

Le retour de la reine Guenièvre

UNE fois désarmé et lavé, Lancelot est conduit par le roi Baudemagu de Gorre chez la reine Guenièvre.

— Dame, dit le roi, voici le chevalier qui a mis tant de cœur et de vaillance à vous reconquérir.

La reine se contente de répondre :

— S'il a fait quelque chose pour moi, il a bien perdu sa peine.

Lancelot entend ces mots. Ils lui brisent le cœur. Peu s'en faut qu'il ne s'évanouisse de chagrin. Le roi Baudemagu se retire, laissant la reine et le chevalier seuls.

La voix profondément troublée et altérée, Lancelot demande :

— Dame, en quoi vous ai-je forfait ?

— Je ne vous demanderai qu'une chose, messire, répond la reine Guenièvre. Dites-moi où est l'anneau que je vous avais donné et que vous m'aviez promis de garder toujours en amour de moi.

— Il m'est facile de vous répondre, dit Lancelot en montrant sa main à la reine. Dame, cet anneau est à mon doigt qu'il n'a jamais quitté. Sachez que, pour lui, j'ai supporté une longue et pénible captivité chez Morgane la fée et que j'ai promis de demeurer loin de vous, ou de toute autre dame de la cour du roi Arthur, pendant longtemps. J'ai connu un bien triste exil pour avoir refusé de m'en dessaisir.

La reine Guenièvre observe attentivement l'anneau et dit :

— Ce n'est pas le mien. Regardez vous-même, messire, il y manque le cœur ciselé.

Aussitôt, Lancelot retire la bague de son doigt et la jette aussi loin qu'il peut par la fenêtre en s'écriant :

— Perfidie et trahison infâmes. Honte à qui en fut capable !

La reine Guenièvre croit à la sincérité du chevalier. Tous deux parlent ensemble longuement et comprennent qu'ils ont été trompés par Morgane et son envoyée. Ils se retrouvent avec grande émotion et se témoignent maintes douceurs et délicatesses.

Le lendemain, Lancelot repart, ainsi qu'il
le doit, en direction du pont sous l'Onde,
au-devant de messire Gauvain. Il est escorté de quarante chevaliers.

Quelques jours plus tard, le neveu du roi
Arthur arrive chez le roi Baudemagu de
Gorre. Il est accompagné de tous les chevaliers qui étaient partis avec Lancelot. La
reine Guenièvre est fort heureuse de revoir
messire Gauvain. Celui-ci lui raconte comment il a failli périr noyé en franchissant
avec peine le pont sous l'Onde et le mal
qu'il a eu à triompher du chevalier qui le
défendait. Il conclut son récit en disant :

— Ensuite, j'ai rencontré les compagnons de Lancelot. Il les avait quittés la veille pour suivre un nain qu'ils avaient rencontré. Il leur avait ordonné de l'attendre. Voyant qu'il ne revenait pas, nous l'avons cherché ensemble, mais en vain. J'espérais le trouver ici.

A ce moment, un jeune homme demande à voir la reine Guenièvre. Il lui apporte une lettre du roi Arthur dans laquelle celui-ci la prie de revenir sans tarder au royaume de Logres, avec messire Gauvain et tous les captifs qui viennent d'être délivrés. Le roi dit aussi qu'ils ne doivent pas s'inquiéter de Lancelot, car le chevalier est rentré sain et sauf. Il les attend auprès du roi.

Tous se réjouissent de cette nouvelle. Ils partent le lendemain à l'aube. Avec courtoisie, le roi Baudemagu de Gorre les escorte jusqu'aux limites de ses terres.

Lorsque le roi Arthur apprend que la reine Guenièvre approche de Camaaloth, il s'empresse de se rendre à sa rencontre, en compagnie d'autres chevaliers.

Il lui donne le baiser, puis court à messire Gauvain :

— J'ai grande joie à vous revoir, beau neveu, lui dit-il.

Il reçoit le salut de Keu, le sénéchal, et celui de tous les captifs libérés. Il y répond. Tous ceux qui ont escorté le roi Arthur s'écrient alors :

— Gloire à messire Gauvain qui nous ramène nos compagnons et qui a délivré Madame la reine ainsi qu'il l'avait promis en partant.

Le neveu du roi Arthur est tout gêné de ce qu'il entend.

— Vous me faites grande honte. Lancelot a vraiment été trop modeste de ne pas dire que je ne suis arrivé qu'après ses prouesses. A lui revient tout l'honneur de cet exploit.

— Comment, s'écrie le roi Arthur, vous avez retrouvé Lancelot, mais pourquoi ne vous accompagne-t-il pas ?

— Vous le savez mieux que nous, sire, répond Keu, le sénéchal.

— Hélas ! dit le roi Arthur, je ne l'ai pas vu depuis si longtemps.

— Que voulez-vous dire ? demandent ensemble la reine Guenièvre, messire Gauvain et Keu.

Après de longues explications, tous comprennent que la lettre reçue par la reine était fausse. En effet, le roi Arthur ne lui avait pas écrit. Le cœur de chacun est empli de chagrin quand le roi dit ce que tous redoutent :

— Notre ami aura sans doute connu quelque nouvelle trahison.

X

La mort de Méléagant

LE nain qui était venu chercher Lancelot était au service de Méléagant. Il lui avait dit :
— Messire Gauvain vous prie de venir le rejoindre. Il vous demande d'être seul. Dites à vos compagnons de vous attendre, vous les retrouverez ensuite.

Lancelot l'avait suivi sans méfiance. Le nain l'avait attiré dans un piège. Le chevalier avait été désarmé et emprisonné dans une haute tour entourée d'eau et dont avaient été murées portes et fenêtres. Les fermetures étaient si solides qu'il ne pouvait y avoir espoir de s'échapper. Seule, une petite ouverture, au sommet, permettait le passage de vivres et de l'eau qu'on apportait chaque jour au prisonnier. Lancelot se morfondait dans sa tour.

Le roi Baudemagu de Gorre avait une fille née d'un premier mariage. Elle haïssait Méléagant qui l'avait injustement dépossédée d'une terre qu'elle devait hériter de sa mère.

Lorsque la jeune fille apprend que Lancelot est retenu prisonnier, elle ne doute pas qu'il s'agit là d'une nouvelle perfidie de Méléagant. Elle décide de venir en aide au prisonnier, à l'insu de tous.

Elle s'approche de la tour, en barque. Elle fixe solidement une corde et la fait descendre dans la prison ainsi qu'un pic. Elle crie à Lancelot :

— Messire, je viens en amie, n'ayez crainte.

Lancelot a tôt fait de tirer la corde. Il agrandit l'ouverture à l'aide du pic. Il s'échappe le plus silencieusement qu'il peut et rejoint la demoiselle dans la barque. Quand ils parviennent sur l'autre rive, il la remercie longuement et s'en va.

Au bout des quarante jours qui avaient été fixés pour la nouvelle joute entre Lancelot et lui, Méléagant se présente à la cour du roi Arthur.

— Sire, l'heure de la joute a sonné.

— Hélas, répond le roi, vous voyez bien que Lancelot n'est pas là.

— Alors la reine Guenièvre doit revenir au royaume de Gorre.

Messire Gauvain se lève alors et dit :

— Je ne suis pas sûr que vous seriez aussi pressé de combattre si Lancelot était parmi nous. Peut-être n'êtes-vous d'ailleurs pas tout à fait étranger à son absence. Mais puisque vous semblez tant tenir à cette joute, vous l'aurez. Je ne saurais, en effet, laisser emmener de nouveau Madame la reine. Je lutterai contre vous.

Et messire Gauvain sort se faire armer par ses écuyers.

A ce moment, un chevalier parvient au château. A le voir, tous se rendent compte qu'il a longuement chevauché. Quand ils apprennent que c'est Lancelot, le roi, la reine, tous les compagnons courent vers lui. Messire Gauvain, qui revient tout armé, se précipite aussi.

— C'est peu de dire que nous avons tous grande joie à vous revoir, messire, dit le neveu du roi Arthur, en exprimant ce que chacun ressent.

Sans plus tarder, Lancelot s'adresse à Méléagant.

— Traître, tu dois être bien étonné de

me trouver ici. Tu as clamé assez haut que tu voulais jouter. Le moment en est venu.

Le combat a lieu dans un vallon. Le roi Arthur, la reine Guenièvre, les dames, les demoiselles et tous les chevaliers prennent place. Le cor donne le signal.

Aussitôt, les deux champions s'élancent. Au premier choc, la lance de Méléagant vole en éclats. Celle de Lancelot perce l'écu de son adversaire avec une telle force que le fils du roi Baudemagu est désarçonné. Aussitôt, Lancelot met pied à terre et accourt en se protégeant de son bouclier. Tous deux s'assomment de grands coups sur le heaume. Ils cherchent à briser les écus et à rompre les hauberts. La lutte est longue et âpre. Les coups sont sévères.

Méléagant paraît très éprouvé. Il est plus blessé que Lancelot. Le sang lui coule du nez, de la bouche et d'autres points encore. Il n'est bientôt plus en état d'attaquer, il se contente de se défendre. Un coup de Lancelot particulièrement violent le fait tomber. Lancelot se précipite et coupe les courroies du heaume, puis l'arrache. Il est sur le point de trancher le cou de son ennemi. Toutefois, il lui demande :

— Par estime pour ton père, je suis prêt

à te laisser la vie sauve. Mais acceptes-tu de t'avouer solennellement vaincu? Jures-tu que tu ne prétendras plus jamais qu'on t'a volé ta victoire?

— Je le jure, répond Méléagant, ayez pitié de moi.

Mais tout en disant ces mots, il soulève le haubert de Lancelot qui est penché vers lui et cherche à lui percer le ventre de son épée. Devant un telle perfidie, Lancelot lui fait voler la tête d'un seul coup de son arme.

Lancelot essuie sa lame souillée de sang et de cervelle.

Keu, le sénéchal, court vers lui.

— Vous êtes vraiment le meilleur des chevaliers, dit-il au vainqueur.

Le roi Arthur vient donner l'accolade à Lancelot encore tout armé et lui délace lui-même son heaume. La reine Guenièvre, messire Gauvain et tous les barons s'approchent et louent le chevalier.

XI

La vieille au cercle d'or

DANS la semaine qui suit la Pentecôte, le roi Arthur part tranquillement chasser dans la forêt de Camaaloth. Il est escorté de nombreux chevaliers venus à sa cour. Derrière les chasseurs, la reine Guenièvre va, montée sur son palefroi, entourée de dames et de demoiselles. Seuls quatre chevaliers la gardent : Keu, le sénéchal, Sagremor, Dodinel et Lancelot.

Toute la compagnie chevauche gaiement lorsque débouche, d'un sentier, un chevalier inconnu. Il est tout armé. Il s'approche de la reine, saisit son palefroi par les rênes et lui dit en pleurant :

— Dame, il vous faut me suivre.

Keu s'interpose aussitôt.

— Messire, ôtez immédiatement votre main de ces rênes, sinon je la coupe.

— Alors nous jouterons, fait le chevalier pour toute réponse.

Keu est durement désarçonné. Sagremor, à son tour, est rapidement renversé, le premier coup de lance qu'il reçoit le fait tomber de sa monture. Quant à Dodinel, il ne tarde pas non plus à voler à terre, si brutalement qu'il manque de peu de se briser les os.

Lancelot s'élance à son tour. Les deux chevaliers se heurtent avec une telle force que les écus et les hauberts sont percés. L'arme de Lancelot traverse l'épaule de son adversaire et le renverse. Lui-même est blessé. Il demeure pourtant en selle quoique le fer de la lance lui reste dans la chair.

Survient alors une vieille femme qui porte un cercle d'or dans les cheveux.

— Lancelot, crie-t-elle, tenez votre parole.

— Quelle parole? demande le chevalier.

— Celle que vous m'avez donnée le jour où vous cherchiez la terre de Galehaut.

— Je me souviens. Que voulez-vous?

— Suivez-moi, vous le saurez.

Lancelot se rend compte que la reine Guenièvre ne craint plus rien, celui qui voulait la forcer à le suivre gît sur le sol, perdant son sang. Alors, sans se préoccuper de sa blessure, Lancelot s'éloigne au galop derrière la vieille qui a lancé sa monture à toute bride. Il n'entend pas la reine Guenièvre s'écrier :

— Il va mourir, il a un tronçon de lance dans le corps.

Les blessés sont transportés près d'une fontaine. On lave leurs plaies. On retire son heaume au chevalier inconnu. La surprise de tous est grande lorsqu'ils reconnaissent Bohor, frère de Lionel et cousin de Lancelot. Par folie, il avait promis à une jeune fille de s'emparer de la reine Guenièvre. Il est triste d'avoir frappé Keu, Sagremor et Dodinel, mais sa douleur est immense lorsqu'il apprend la blessure de Lancelot. Il s'évanouit. La reine le fait étendre sur une litière bien tapissée d'herbe fraîche et on le ramène tristement à Camaaloth.

Au retour du roi Arthur, la reine raconte le malheur qui est advenu pendant qu'il chassait avec ses compagnons. Aussitôt, messire Gauvain, Lionel et d'autres chevaliers annoncent qu'ils partiront dès le lendemain en quête de Lancelot. Les quatre blessés, quant à eux, devront rester et se soigner.

Alors qu'il chevauche rapidement derrière la vieille au cercle d'or dans les cheveux, Lancelot souffre beaucoup du tronçon de lance qui lui est demeuré dans le flanc. Plusieurs fois, il manque de s'évanouir tant la douleur est forte. La vieille s'en aperçoit. Elle le fait descendre de cheval, lui ôte son heaume et son haubert pour le panser. Elle retire le tronçon qui l'entaille le plus doucement possible. Malgré la vigilance dont elle fait preuve, la souffrance est insupportable et le chevalier perd connaissance.

Quand il revient à lui, il se remet en chemin à la suite de la vieille. Elle le conduit chez un forestier qu'elle connaît. Pendant plusieurs semaines, Lancelot y est soigné par de bons médecins. Au bout de ce temps, le chevalier est guéri. La vieille lui dit alors :

— Messire, le temps est venu de reprendre notre route.

La vieille au cercle d'or dans les cheveux conduit Lancelot au bord d'une vallée perdue au fond de laquelle se dresse un fort château. Il est entouré de fossés profonds et est protégé de hauts murs épais.

— Messire, voici l'endroit où je voulais vous conduire. Je vous laisse ici. Entrez dans ce château. Une aventure vous y attend.

— M'acquitterai-je ainsi de ma parole envers vous ? demande Lancelot à celle qui l'a ainsi guidé.

— Vous en serez entièrement quitte.

— Je le ferai donc.

La vieille au cercle d'or dans les cheveux prend aimablement congé de Lancelot et s'en va, laissant le chevalier désemparé.

XII

L'arrivée de Perceval
chez le roi Arthur

'INQUIÉTUDE et le souci règnent à la cour du roi Arthur. Lancelot et les nombreux chevaliers partis à sa recherche font cruellement défaut au roi des deux Bretagnes.

Perceval parvient au terme de son voyage. Lorsqu'il entre dans le château, il croise un chevalier à l'armure vermeille. Elle plaît beaucoup au jeune Gallois. Il pense qu'il en voudrait une semblable.

— Où vas-tu, jeune homme? lui lance le chevalier.

— Demander des armes au roi Arthur.

— Agis comme bon te semble, mais, je te préviens, ne lui demande pas sa coupe d'or car je l'emporte, dit le chevalier, d'un ton railleur et prétentieux.

Perceval n'a cure de ces paroles. Il entre dans la grande salle. Il avance mais ne sait qui saluer en premier car il ne connaît pas le roi. Il demande à un chevalier qui passe près de lui :

— Ami, veuillez me montrer le roi Arthur, je vous prie.

— Ami, voyez-le là.

Et le jeune Gallois va aussitôt devant celui qu'on lui a désigné. Il salue comme il a appris. Le roi est si préoccupé qu'il ne fait pas attention au jeune homme. Celui-ci salue de nouveau. Tout à sa pensée, le roi Arthur ne répond pas.

— En vérité, s'écrie Perceval, il n'est pas possible que ce roi dont on ne peut tirer ni geste ni parole soit celui qui fasse les chevaliers.

En l'entendant, le roi Arthur lève la tête. Il voit ce beau et grand jeune homme devant lui.

— Bel ami, dit-il, je ne vous avais point aperçu. Je suis fort soucieux. La plupart de mes meilleurs chevaliers sont partis en quête du plus valeureux d'entre eux. De tous, je suis sans nouvelles. Et, pendant ce temps, le chevalier vermeil me fait grand tort. Il a blessé nombre des chevaliers qui sont ici et même Keu, mon sénéchal. Son

insolence est telle qu'il est venu proférer de brutales menaces. Il a ensuite pris ma coupe d'or, il l'a renversée et a répandu sur la reine tout le vin qu'elle contenait. La reine vient de repartir dans sa chambre où elle contient à grand-peine son indignation. Soyez, je vous prie, le bienvenu et dites-moi ce que vous souhaitez.

— Faites-moi chevalier et donnez-moi des armes, que je m'en aille.

— Je vous donnerai volontiers toute une armure. Suivez ce jeune homme, il va vous la remettre.

— Je ne veux pas n'importe quelles armes, répond Perceval. J'en veux de pareilles à celles de ce chevalier vermeil que j'ai rencontré et qui s'en va avec votre coupe d'or.

Ceux qui l'entendent se mettent à rire de sa naïveté. Keu, le sénéchal, qui est parmi les blessés, est irrité de tels propos. Il prend la parole :

— Rien n'est plus simple, ami, allez prendre les armes de ce chevalier vermeil. Le roi Arthur vous les donne. C'était inutile de venir les quémander ici. Vous avez perdu votre temps.

— Tenez votre langue, Keu, dit le roi. Ce jeune homme est naïf, mais il doit être

64

de bon lignage. Il a l'air noble et fier. C'est faire preuve de bien peu de sagesse que d'ainsi railler autrui pour son innocence. En outre, ce n'est pas digne d'un homme avisé que de faire don de ce qu'il ne possède pas.

Déjà le jeune Gallois s'apprête à quitter la salle. Il aperçoit une belle et douce jeune fille. Il la salue. Elle lui rend son salut et, après l'avoir regardé, lui dit en riant :

— Ami, mon cœur me dit que, dans le vaste monde, on connaîtra peu de chevaliers qui te surpassent.

La jeune fille rit et parle fort. Tous ont entendu ses paroles. Keu, très irrité, se lève et frappe la tendre face de la demoiselle de la paume de la main. Le coup est si rude qu'il jette la jeune fille à terre. Puis le sénéchal regagne sa place.

Le jeune Gallois ne s'attarde pas. Il s'empresse de rejoindre le chevalier vermeil à la sortie de la ville. Il l'interpelle :

— Retirez vos armes et remettez-les-moi. Le roi Arthur me les a données.

— Tu railles, répond le chevalier.

— Non pas. Hâtez-vous, sinon je vais vous en débarrasser moi-même.

— C'est faire preuve de trop d'insolence. Je vais te châtier.

En disant ces mots, le chevalier lève sa lance et en frappe Perceval avec une si grande violence qu'il couche le jeune homme sur le dos de sa monture. La fureur du Gallois est grande. Sans mot dire, il se redresse. Il saisit son javelot, vise l'œil de son adversaire et lance son arme avec précision. Le javelot pénètre sous le heaume si profondément que le sang coule abondamment et que la cervelle jaillit par la nuque du chevalier. Il ne voit ni n'entend plus rien. Il se renverse, tombe brutalement sur le sol et meurt.

Perceval met joyeusement pied à terre. Il s'empare de la lance, saisit l'écu. Mais il ne sait comment délacer le heaume. Il ne parvient même pas à sortir l'épée du fourreau.

Un chevalier, qui a nom Yonet, a suivi Perceval. Il a assisté au combat. Il s'approche en riant alors que le jeune homme est tout occupé à allumer un grand brasier.

— Que faites-vous donc, bel ami? demande Yonet.

— Je veux prendre les armes de ce chevalier. Le roi Arthur me les a données. Elles tiennent si fort au corps qu'elles semblent en faire partie. En brûlant la chair, je pense bien avoir la carapace.

Yonet sourit.

— Il est plus simple de les détacher. Laissez-moi me charger de la besogne sans vous inquiéter de rien. Le voulez-vous?

— Allez-y donc et agissez sans me faire attendre.

Yonet défait promptement le mort de son armure. Le jeune Gallois ne veut aucun des beaux vêtements du chevalier.

— Comment, dit-il, je changerais ma grosse chemise de chanvre que me fit ma mère contre celle-ci qui est molle et fragile, et j'abandonnerais ma cotte de cuir, que l'eau ne peut traverser, pour celle-ci qui n'arrêterait pas une goutte! Je ne veux que les armes.

Yonet lui passe le haubert, lui lace le heaume et lui ceint l'épée. Quand le jeune homme est ainsi vêtu, il le fait monter sur le grand destrier. Il lui met le pied à l'étrier. Jamais Perceval n'en a vu et il ignore ce que l'on fait d'un éperon. Il ne se servait que d'une baguette pour faire avancer son petit cheval de chasse. Enfin, Yonet lui tend la lance et l'écu. Perceval dit alors:

— Ami, je vous remercie de votre aide. Rapportez sa coupe d'or au roi Arthur; qu'il se réjouisse, il ne sera plus importuné par ce chevalier vermeil. Dites ensuite à la jeune fille que Keu a frappée sur la joue que, si je le peux, je compte bien la venger avant de mourir. Quant à vous, qui avez été si aimable, je vous fais cadeau de mon petit cheval de chasse, je n'en ai plus besoin.

— Grand merci, dit Yonet en souriant.

Le jeune Gallois s'éloigne. Yonet rapporte la coupe d'or au roi Arthur et conte toute l'aventure à la cour.

— Ah! Keu, dit le roi, vous m'avez bien courroucé. Votre langue railleuse m'a fait perdre aujourd'hui un jeune homme qui aurait sans doute été un chevalier remarquable. Nous l'aurions instruit à faire bon emploi de sa lance, de son écu et de son armure, nous lui aurions montré comment tirer parti de son épée. Il est parti en ignorant tout des armes, il ne saura peut-être même pas se défendre. Il est à cheval maintenant, qui sait si le premier venu en quête d'aventure ne le tuera pas simplement pour gagner son destrier ou son armure!

XIII

L'éducation de Perceval

PERCEVAL chevauche sans se soucier de l'inquiétude qu'il cause au roi Arthur. Il traverse la forêt et parvient dans une vallée où coule une large et belle rivière. Il longe la berge. Sur l'autre rive, se dresse une colline dont le bas est au bord de l'eau. Perceval voit, sur le flanc du coteau, un riche et puissant château. En son milieu, s'élève une haute et forte tour. Devant un châtelet circulaire, un solide pont de pierre enjambe la rivière. Un homme, à l'air sage et avisé, s'y promène. Perceval vient vers lui et le salue de son mieux.

— Messire, je vous salue, ainsi que ma mère me l'a enseigné.

— Bel ami, d'où viens-tu ? A ton langage, tu me parais simple et naïf.

— De la cour du roi Arthur.

— Qu'y fis-tu?

— J'y ai pris des armes.

— Comment cela?

Et Perceval raconte ce qui lui est arrivé et comment il a conquis à la fois les armes qu'il porte et le destrier qu'il monte.

— Que sais-tu faire de ce destrier?

— Je le fais galoper comme je veux et où je veux, aussi bien que le petit cheval de chasse que m'avait donné ma mère.

— Et tes armes, bel ami, sais-tu t'en servir?

— Certainement, je sais maintenant les passer et les retirer comme me l'a montré le chevalier qui me les a mises. Je les porte sans qu'elles me gênent le moins du monde.

— Mais, dis-moi, qui t'a conduit par ici?

— Ma mère m'a dit de rechercher les hommes qui font preuve de sagesse où qu'ils soient.

— Eh bien, bel ami, sache que ta mère t'a donné de bons conseils. Descends maintenant. Si tu le souhaites, je vais t'instruire.

Il désarme le jeune homme, se fait chausser les éperons, monte sur le cheval, empoigne la lance et demande à Perceval de bien observer. Il montre au jeune Gallois comment tenir l'écu pour s'en protéger, comment éperonner le cheval et se servir d'une lance. Perceval suit chaque geste, les yeux émerveillés. Il s'écrie :

— Savoir faire tout cela est ce que je désire le plus au monde.

— Ami, vous n'êtes pas à blâmer pour votre ignorance. Il suffit d'apprendre en montrant effort, courage et persévérance.

A son tour, Perceval monte à cheval. Il fait tout ce qu'il a vu faire. A la fin, il s'inquiète :

— Croyez-vous, messire, que je saurai être assez habile ?

— N'ayez crainte, vous montrez de bonnes dispositions.

Et la leçon se poursuit. Ensuite, le maître demande :

— Que feriez-vous si vous rencontriez un chevalier et qu'il vous frappât ?

— Je le frapperais à mon tour.

— Et si votre lance venait à se briser au cours de la joute ?

— Alors je n'aurais plus qu'à courir vers lui et à me servir de mes poings.

— Non, ami, en pareil cas, il faut avoir recours à l'épée.

Et Perceval apprend l'attaque et la défense, comment frapper de rudes coups et se protéger de ceux que l'adversaire cherche à assener.

Le soir, Perceval est accueilli au château.

— Messire, dit le jeune Gallois, ma mère m'a dit qu'il ne convenait pas de demeurer en compagnie d'un homme sans savoir son nom. M'apprendrez-vous le vôtre ?

— Volontiers, ami. Mon nom est Gornemant de Goort.

Après le dîner, son hôte prie Perceval de demeurer un mois chez lui ou même davantage, si cela lui est possible.

— Messire, répond le jeune homme, j'accepterais volontiers, tant votre hospitalité est douce, mais, lorsque j'ai quitté le manoir de ma mère, je l'ai vue tomber pâmée à l'entrée du pont. J'ignore si elle vit ou si elle est morte. Mais je ne sais que trop qu'elle est tombée de chagrin. Mon départ en est la cause. C'est pourquoi, tant que je ne saurai pas ce qui lui est advenu, je ne séjournerai longuement, par agrément, en aucun endroit, fût-il le plus agréable du monde. Si vous le permettez, je partirai donc dès demain en direction de la Gaste Forêt.

L'hôte de Perceval est trop sage pour contrarier le jeune homme. Il n'insiste pas.

Le lendemain, Gornemant de Goort offre au jeune Gallois de beaux habits. Il lui explique pourquoi il doit renoncer à ceux que lui a confectionnés sa mère. Puis il lui chausse l'éperon droit comme le veut la coutume lors d'un adoubement. Il lui ceint l'épée et lui donne l'accolade.

— En vous remettant cette épée, je vous confère l'ordre de la chevalerie. Souvenez-vous qu'il ne supporte aucune bassesse. Si, à l'issue d'une joute, votre adversaire défait et vaincu se rend à merci et vous demande grâce, écoutez-le et ne le tuez pas sciemment. Gardez-vous de trop parler. Il échappe souvent vilenie à qui ne sait tenir sa langue, le sage réfléchit avant de prendre la parole. Enfin, venez en aide, si c'est en votre pouvoir, à homme, dame ou demoiselle qui ferait appel à vous.

— Je suivrai tous vos conseils, messire, comme ceux que ma mère m'a donnés quand je l'ai quittée.

— Je vais vous faire une dernière recommandation, cessez de dire : « Ma mère m'a appris ceci ou conseillé cela. » On ne peut certes vous blâmer de l'avoir fait jusqu'à maintenant, mais désormais, gardez-vous-en. Si vous persistiez, on le tiendrait à folie.

— Grand merci, messire, je suivrai vos conseils sans les oublier.

Et Perceval se met en chemin.

XIV

La conception de Galaad

LANCELOT s'est approché du château devant lequel l'a laissé la vieille au cercle d'or dans les cheveux. Il y entre. Tous les habitants le conduisent aussitôt dans un cimetière. Ils lui montrent une tombe sur laquelle est écrit : « Nul ne lèvera cette tombe hormis le léopard de qui naîtra le grand lion. »

Lancelot soulève la dalle sans peine. Un affreux serpent au souffle plus brûlant que le feu le plus ardent s'élance. Lancelot lui fait voler la tête en un instant d'un seul coup d'épée.

Tous s'émerveillent que le chevalier ait pu ouvrir la tombe. On le mène au palais en lui faisant grand honneur. De fort aimables jeunes filles le désarment et lui passent un manteau digne d'un roi. Il est ensuite conduit dans une salle où les seigneurs présents lui réservent le meilleur accueil. Tous se lèvent à l'entrée du roi Pellès. Il porte au doigt un anneau magnifique et sa tête est couverte d'une couronne d'or aux pierres de grande valeur. Tout en lui exprime la noblesse et la sagesse.

Lancelot est debout, immobile. Le roi Pellès vient lui donner l'accolade et lui dit :

— Messire, nous avons longuement attendu celui qui était désigné pour soulever cette tombe. Voulez-vous me dire qui vous êtes ?

— Volontiers, sire, répond Lancelot. Je suis de la maison du roi Arthur, j'appartiens à l'ordre des Chevaliers de la Table Ronde et j'ai nom Lancelot du Lac.

— Ainsi, vous êtes le fils du roi Ban de Bénoïc et de la reine aux grandes douleurs.

Le roi se tait et nul n'ose prendre la parole. C'est à ce moment que se produit une grande merveille. Une odeur délicieuse se répand dans toute la salle. Les tables sont mises. A la suite du roi, chacun prend place sans dire mot.

Entre alors la plus gracieuse des jeunes filles. Elle porte haut devant elle un vase sacré très précieux. Nul n'aurait pu dire de quelle manière il était fait, il est voilé d'un

linge des plus délicats. Le roi et tous les chevaliers s'agenouillent. La jeune fille traverse lentement la pièce. Un grand silence règne.

La jeune fille sort. Chacun se relève et voit que les tables sont couvertes des mets les plus fins que l'on puisse imaginer. Toutefois, il n'y a rien devant Lancelot. Le roi Pellès s'en aperçoit. Avec discrétion, il fait aussitôt apporter des plats pour le chevalier.

Lorsque chacun a mangé et bu à loisir, les tables sont débarrassées. Les chevaliers se mettent à jouer aux échecs et à se divertir en devisant agréablement. Le roi Pellès s'approche de Lancelot et lui demande :

— Que pensez-vous, messire, de ce riche vase sacré que portait la demoiselle ?

— En vérité, sire, c'est une chose merveilleuse. En outre, je n'ai jamais rencontré une demoiselle aussi belle. Je dis bien demoiselle, et non dame.

Le roi Pellès pense :

— Il aime tant la reine Guenièvre qu'il ne désire la compagnie d'aucune autre femme. Il conviendra d'agir avec grande habileté pour qu'il accepte ma fille, afin que le commandement soit exécuté comme il doit l'être.

Le roi prend congé du chevalier. Il va trouver la gouvernante de la jeune fille qui a porté le précieux vase sacré. C'est une vieille femme avisée. Elle a nom Brisane. Le roi lui répète les paroles de Lancelot.

— Laissez-moi faire, lui recommande Brisane. Ne vous souciez de rien. Je saurai mener la chose à bonne fin.

Elle vient vers Lancelot. Elle converse avec lui. Elle lui demande des nouvelles de la cour, du roi Arthur et de la reine Guenièvre. Elle parle longuement de cette dernière en faisant d'elle maints compliments. Brisane sent que, peu à peu, Lancelot devient tout rêveur. Elle dit alors :

— Vous devez être bien fatigué, messire, ne croyez-vous pas qu'est venue l'heure d'aller vous reposer ?

— Je le pense, en effet, répond le chevalier.

Lancelot suit Brisane, son esprit est ailleurs, il pense à la reine Guenièvre. Il entre dans une chambre où est installé un lit magnifique. Brisane lui apporte un breuvage qu'elle a minutieusement préparé.

— Prendrez-vous un peu de vin avant de gagner votre lit ? demande-t-elle à Lancelot.

Le chevalier accepte. Il trouve la boisson bonne et douce si bien qu'il vide la coupe tout entière. Brisane ne dit rien mais elle est fort satisfaite que Lancelot ait ainsi tout bu. Elle laisse le chevalier se coucher.

Peu après avoir achevé de boire le philtre, Lancelot s'étend. Il est rapidement pris d'une espèce de délire. Il se croit en la cité de Camaaloth. Brisane est restée derrière la porte. Elle entre et dit :

— Qu'attendez-vous, messire, pour aller rejoindre la reine ?

— J'irais volontiers si je savais qu'elle le souhaitât, répond Lancelot, l'esprit tout troublé.

Brisane feint d'aller s'enquérir de la volonté de la reine Guenièvre. Peu après, elle revient.

— La reine vous attend, dit-elle.

Lancelot se lève et suit Brisane. Elle le conduit dans la chambre de la fille du roi Pellès. Lancelot se couche près de la jeune fille. Celle-ci lui fait bon accueil et le reçoit avec joie car tel est son désir.

C'est ainsi que, comme l'avait prédit Merlin l'Enchanteur, fut conçu Galaad.

XV

Lancelot triomphe
de ses compagnons

AU matin, Lancelot s'éveille. L'effet du philtre est passé. Le chevalier a de nouveau l'esprit clair. Il regarde autour de lui. Tout étonné, il voit la demoiselle qui portait le vase sacré la veille. Elle s'empresse de lui dire :

— Messire, je suis la fille du roi Pellès.

Lancelot se lève.

— Que veut dire cela ?

Peu à peu, Lancelot comprend ce qui s'est passé. Son irritation est grande. Il saisit son épée. Son air est menaçant. Aussitôt la jeune fille s'agenouille et le supplie. Elle implore :

— Grâce, messire.

Lancelot range son épée. Il regrette son geste. Il le trouve indigne d'un chevalier.

— Demoiselle, je serais vraiment trop vil

et trop cruel de frapper tant de beauté et tant de grâce. Pardonnez-moi d'avoir levé l'épée sur vous. Je ne l'ai pas fait par haine. Seuls la fureur, qui est mauvaise conseillère, et le chagrin m'ont poussé à ce geste que je regrette fort.

— Je vous crois sincère et je vous pardonne, messire. A votre tour, me pardonnerez-vous d'avoir causé votre colère?

— Je vous pardonne.

Lancelot se rend ensuite dans la chambre où, la veille, il a bu le breuvage préparé par Brisane. Il trouve la porte fermée à clé. Il descend dans la salle. Elle est déserte. Il ne rencontre personne dans toute la demeure.

Dehors, il trouve son cheval tout sellé. Les armes du chevalier sont appuyées contre le mur près de sa monture.

Lancelot enfourche son destrier et approche du pont-levis qui est baissé. A peine l'a-t-il franchi qu'il se rend compte que le pont se relève. Intrigué d'une telle précipitation, Lancelot se retourne. A sa grande stupéfaction, il ne découvre plus la moindre trace du Château Aventureux dont il vient de sortir. Tout s'est évanoui comme dans un rêve.

Lancelot s'éloigne, songeur et triste d'avoir, malgré lui, trompé son amour.

Un matin, la reine Guenièvre voit sortir, de la forêt proche de Camaaloth, un chevalier solitaire. Elle croit reconnaître Lancelot et se réjouit fort de ce retour. Mais le chevalier n'est autre que messire Gauvain.

Bientôt arrivent tous les autres chevaliers qui étaient partis en quête de Lancelot. Avant même de descendre de cheval, la première question que chacun pose est :

— Un de nos compagnons a-t-il été plus heureux dans sa recherche ?

A tous, le roi Arthur répond tristement que personne n'a rencontré Lancelot. Nul n'a entendu parler de lui.

Quand tous les chevaliers sont réunis, le roi Arthur fait apporter de riches vêtements qu'il veut leur donner. Certains sont plus beaux que d'autres. Le suzerain prie les chevaliers de désigner les meilleurs d'entre eux afin de distribuer les habits en conséquence. Tous s'accordent pour reconnaître Lancelot comme le plus vaillant. Le roi Arthur lui réserve les plus beaux vêtements en disant :

— J'espère pouvoir les lui offrir un jour.

Puis il distribue les autres à chacun selon son mérite. Les chevaliers remercient le roi des dons qu'il leur fait. En regardant ceux qu'il destine à Lancelot, le roi dit avec tristesse :

— L'absence de Lancelot risque d'être bien fâcheuse lors du tournoi prévu contre les chevaliers du roi Baudemagu de Gorre.

— Que voulez-vous dire, sire, dit Agravain. N'y a-t-il pas autour de la Table Ronde assez de bons jouteurs ? Ne pourrions-nous emporter le prix du tournoi même si Lancelot était contre nous ?

— Agravain, répond le roi Arthur, je sais la valeur de chacun. Mais vous ne pouvez comparer Lancelot aux autres chevaliers. S'il était contre vous, vous seriez tous défaits.

— Je sais bien qu'il est le meilleur de tous, mais que pourrait-il faire contre trois ou quatre d'entre nous ?

Les compagnons d'Agravain pensent alors :

— Si nous triomphons dans la mêlée sans que Lancelot frappe un seul coup, on dira encore que c'est lui qui a le mieux fait et il emportera le prix.

Ils décident que si Lancelot revient assez tôt pour participer au tournoi, ils combattront, sous des armes déguisées, pour ne pas être reconnus, dans l'autre camp.

Lancelot approche de Camaaloth. En chemin, il apprend secrètement la décision qu'ont prise certains chevaliers. Il ne continue pas sa route mais se rend chez le roi Baudemagu de Gorre.

— Messire, lui demande-t-il, puis-je jouter dans vos rangs lors du tournoi organisé entre les Chevaliers de la Table Ronde et les vôtres?

— Volontiers, messire, vous savez combien je vous estime, vous me faites honneur.

— Je vous demande toutefois que ma présence soit tenue secrète jusqu'à la fin du tournoi.

— Je n'ai rien à vous refuser. Il en sera comme vous le souhaitez.

Au début du tournoi, les Chevaliers de la Table Ronde font merveille. Messire Gauvain réalise maintes prouesses. De nombreux chevaliers devront dépenser de grosses sommes d'argent, pour se racheter comme le veut la coutume, lors d'un tournoi de cette sorte. Le neveu du roi Arthur est pressenti pour le prix. Lancelot s'élance enfin. Nul ne le reconnaît car il lutte sous des armes déguisées. Du premier coup, il perce l'écu d'Agravain qu'il désarçonne. Il frappe de tous côtés, renverse Sagremor, fait tomber Keu, le sénéchal, et de nombreux autres encore. Il parvient même à abattre messire Gauvain d'un coup particulièrement violent que le neveu du roi Arthur n'est pas près d'oublier.

Le roi Arthur pense que ce chevalier inconnu qui fait de si grandes merveilles ne peut être que Lancelot. Le tournoi s'achève. Au moment de la remise du prix, le roi dit :

— Messire, nous direz-vous qui vous êtes ?

Lancelot ne répond pas. Lentement, il délace son heaume. A peine l'a-t-il ôté que tous poussent un grand cri de joie. Ils ont retrouvé le compagnon qui leur est si cher. Encore meurtri, messire Gauvain dit :

— Messire, il est vrai que vous êtes le plus vaillant du monde. Vous me l'avez bien montré. L'orgueil de certains compagnons en a souffert en ce jour.

XVI

Perceval chez Blanchefleur

DEPUIS le matin, Perceval chevauche. Il lui tarde de revoir sa mère.
Le soir approche. Il aperçoit un
château au bout de rudes terres désertes.
De l'autre côté, la cité donne sur la mer.
Perceval se hâte. Il parvient au pont et
frappe à la porte.

Une pâle jeune fille toute maigre accourt
à une fenêtre.

— Qui frappe ainsi? demande-t-elle.

— Un jeune chevalier qui souhaite se
voir offrir l'hospitalité pour la nuit.

— Nous sommes prêts à vous accueillir,
messire. Nous ferons de notre mieux mais
vous ne nous saurez sans doute guère gré
de notre hospitalité.

La jeune fille quitte la fenêtre. Perceval
attend quelques instants. Il commence à

s'impatienter. Il est sur le point de frapper de nouveau lorsque quatre hommes d'armes viennent enfin lui ouvrir. Ils sont si maigres qu'ils font pitié à voir. Ils ne doivent guère pouvoir défendre la place.

— Entrez, messire, disent-ils.

L'intérieur de la cité n'est pas moins triste que les alentours. Les rues sont noires et désertes. Les maisons, en très mauvais état, semblent devoir bientôt s'écrouler. Dans toute la cité, aucun moulin ne moud, nul four ne cuit de pain.

Perceval est conduit au palais. Il est désarmé. Son cheval est mené en un lieu où la paille est rare. Le jeune chevalier est guidé jusqu'à une très grande salle.

Une belle jeune fille l'accueille. Elle est fort gracieuse et élégante. Ses cheveux flottent harmonieusement sur ses épaules. Ils sont si blonds qu'on les croirait d'or fin. Son front blanc et uni paraît taillé dans le marbre. Ses yeux bleus bien fendus sont riants et clairs, son nez est droit et franc.

Perceval la salue courtoisement. La demoiselle répond à son salut avec distinction.

— Excusez, messire, la pauvreté de notre hospitalité. Je ne vous dirai pas dès maintenant à quel état nous sommes réduits, car vous croiriez que c'est malice de notre part et que je désire vous voir partir. Je vous prie seulement d'avoir la bienveillance d'accepter notre maison telle qu'elle est.

Perceval se souvient du conseil de celui qui l'a instruit. Il craint de trop parler. Il voudrait bien savoir pourquoi la cité paraît si pauvre mais il reste muet. La demoiselle et les chevaliers s'étonnent qu'il ne dise rien. La jeune fille finit par lui demander :

— Nous direz-vous, messire, d'où vous venez ?

— Je viens de chez un homme des plus sages et des plus avisés qui se puissent rencontrer. Il demeure en un fort beau château. Il m'a réservé le meilleur des accueils. Son nom est Gornemant de Goort.

— Il est vrai, bel ami, dit la demoiselle, qu'il n'y a pas homme plus sage ni chevalier plus accompli que lui. Je suis Blanchefleur, sa nièce. Il vous a reçu, selon la coutume, avec joie et allégresse. Ici, hélas, nous n'avons que fort peu à manger.

Ayant dit cela, la jeune fille ordonne que soient mises les tables. Le repas est servi ensuite. Il est léger et bref. Lorsqu'il est achevé, les hommes d'armes qui doivent veiller vont par le château.

Perceval reste un moment en compagnie de la demoiselle et des chevaliers. Il ne tarde guère à aller se coucher. Il s'endort bientôt d'un sommeil tranquille.

De son côté, la demoiselle ne dort guère. Elle s'agite, se tourne en tous sens. Elle réfléchit longuement. A la fin, elle se décide. Elle se lève, sort de sa chambre et va frapper à la porte de son hôte. Celui-ci ne répond pas.

Elle entre et s'approche du lit où dort le chevalier. Elle soupire et sanglote mais n'ose l'éveiller. Elle pleure. Ses larmes mouillent la face du jeune homme.

Tout étonné de sentir de l'eau sur son visage, Perceval ouvre les yeux. Il est encore plus surpris de voir la jeune fille penchée vers lui.

— Qu'y a-t-il, noble demoiselle? Me direz-vous le motif de votre venue et la raison de vos pleurs?

— Ah! messire, ayez pitié de nous. Pardonnez ma folie. Il n'y a sur terre créature plus triste et plus désespérée que moi. Rien ne peut plus contenter mon cœur et je crains bien que le jour qui va se lever soit le dernier que je voie. De plus de trois cents chevaliers qui tenaient ce château, seuls en demeurent cinquante. Les autres ont été

occis ou emmenés prisonniers par Anguingueron, le perfide sénéchal de Clamedeu
des îles. Les captifs ne valent guère mieux
que ceux qui ont été tués, car je sais bien
que la mort est le sort qui leur est destiné.
C'est pour moi que tant de braves et valeureux chevaliers ont péri. Il est bien juste
que mon cœur en soit si fort ému. Depuis
un an maintenant, Anguingueron nous tient
assiégés. Nos vivres sont épuisés. Il ne
nous reste même pas de quoi nourrir une
abeille. Nous n'avons plus la force de défendre le château. Demain, nous devrons
nous rendre. Je serai alors livrée à Clamedeu. Mais lui, qui veut me tenir, ne tiendra
qu'un corps sans vie, car je mettrai fin à
mes jours avant de tomber entre ses mains.
Voilà tout ce que je voulais vous confier. A
présent, je m'en retourne et vous laisse
continuer de vous reposer. Excusez-moi de
vous avoir ainsi importuné.

Perceval s'efforce de réconforter Blanchefleur du mieux qu'il peut. Il lui dit :

— Belle amie, il n'est pas l'heure de
faire triste visage. Peut-être connaîtrez-
vous un meilleur demain que vous ne
croyez. Séchez vos pleurs et attendez le
jour.

XVII

La lutte contre Anguingueron

LE lendemain matin, de bonne heure, Blanchefleur dit à Perceval :

— Sans doute, messire, allez-vous nous quitter ? Il serait malséant de notre part de chercher à vous retenir davantage. Il est vrai que nous vous avons reçu si pauvrement !

Le chevalier lui répond avec douceur :

— Belle amie, ce ne sera pas aujourd'hui que j'irai chercher une autre maison que la vôtre. Je ne la quitterai qu'après avoir fait tout ce qui est en mon pouvoir pour ramener la paix en votre terre et en avoir chassé celui qui vous importune.

— Je vous remercie, répond Blanchefleur. Vous faites preuve de grande noblesse. Qu'il en soit donc comme vous le souhaitez, messire, mais je serais par trop dolente si vous veniez à mourir par ma faute. Vous n'êtes ni d'âge ni de force à lutter contre un chevalier aussi grand et aussi fort que celui qui attend sous nos murs.

— Vous verrez bien, demoiselle, ce qu'il en sera tout à l'heure, répond simplement Perceval.

Le chevalier demande ses armes. On l'aide à s'en revêtir. Il monte sur son destrier. La porte du château s'ouvre. Tous ceux qui le voient passer pensent :

— Que Dieu aide ce courageux chevalier et porte malheur à Anguingueron, le sénéchal, qui détruit toute notre terre et nous cause tant de maux.

Anguingueron est assis devant sa tente. Il est sûr que le château se rendra avant la nuit. Tous les siens se réjouissent de la conquête. Anguingueron aperçoit alors Perceval. Il se fait armer rapidement. Il enfourche un solide destrier et crie au chevalier qui vient vers lui :

— Viens-tu ici pour chercher la paix ou la bataille ?

— A toi de répondre le premier, lui lance Perceval. Que fais-tu ici ? Pourquoi as-tu tué tant de chevaliers et pourquoi ravages-tu cette terre qui n'est pas tienne en causant si grande désolation à tous ceux qui y vivent ?

Avec orgueil, Anguingueron répond :

— J'entends que me soient remis aujourd'hui le château et les terres. La demoiselle reviendra à mon seigneur ainsi qu'il en a le désir.

— Il n'en ira pas comme tu le dis. Tes paroles ne sont que vaines et insupportables prétentions. Je te conseille fortement d'y renoncer.

— Qui es-tu donc pour me parler ainsi ? répond Anguingueron agressivement, prépare-toi à périr.

Perceval abaisse sa lance. Les deux adversaires s'élancent l'un contre l'autre. Les lances volent en éclats. L'écu d'Anguingueron ne peut l'empêcher d'être blessé au bras et à l'épaule. Il est désarçonné. Perceval met pied à terre. Il tire l'épée. La joute est longue et ardente. A la fin, Anguingueron s'abat sur le sol. Perceval se précipite. Le sénéchal demande grâce. Perceval n'y est pas disposé mais il se rappelle un des conseils de son maître : ne pas tuer un adversaire vaincu qui se rend à merci. Le sénéchal poursuit :

— Aie pitié, épargne ma vie. Ta prouesse n'en sera pas moins reconnue. Je suis prêt à me rendre chez qui tu voudras pour la clamer haut et fort, et à remettre mon sort entre les mains de qui tu choisiras.

— J'accepte, dit Perceval. Rends-toi dans ce château que tu prétendais conquérir. Mets-toi à la merci de la belle demoiselle, mon amie, qui en est la dame.

— Mais tu m'envoies à la mort, ne dis pas que tu me fais grâce ! J'étais parmi ceux qui ont tué son père. Je lui ai tué ou capturé tant de chevaliers qu'elle ne peut que souhaiter me voir mourir. N'as-tu personne d'autre à qui m'envoyer ?

— Va chez Gornemant de Goort et remets ton sort entre ses mains.

— Hélas ! J'ai tué un de ses frères. Là aussi, une mort certaine m'attend.

— Alors, tu iras chez le roi Arthur, le roi des deux Bretagnes. Tu le salueras de ma part et tu te mettras à sa merci. En outre, tu lui demanderas de te montrer la jeune fille que Keu, le sénéchal, frappa parce qu'elle avait ri. Tu lui diras que je songe toujours à la venger.

— J'accepte, dit Anguingueron, je sais que le roi Arthur est un suzerain juste et équitable.

Le sénéchal de Clamedeu des îles donne l'ordre de lever le siège. Quand tous sont partis, il s'éloigne à son tour.

Perceval retourne au château. Les assiégés sont sortis et viennent au-devant de lui pour lui faire honneur. Le jeune chevalier est longuement et chaleureusement acclamé. L'allégresse est générale. Pourtant ils sont nombreux à regretter que le vaincu ait été épargné tant est grande leur haine pour Anguingueron.

Blanchefleur accueille Perceval avec un grand sourire et elle témoigne au chevalier mille marques de reconnaissance et d'affection.

XVIII

L'échec de Clamedeu

CLAMEDEU des îles, de son côté, ne doute pas de la conquête de la place. En chemin, il pense qu'il va trouver le château pris par son sénéchal et qu'il lui suffira d'arriver pour emmener Blanchefleur.

Il rencontre un jeune homme de sa maison, tout en larmes. Ses illusions vont s'envoler.

— Messire, dit le jeune homme, votre sénéchal a été vaincu par plus fort que lui. Il a dû, pour garder la vie sauve, partir pour la prison du roi Arthur.

— Qui peut être ce chevalier capable de triompher de mon sénéchal? demande Clamedeu.

— Je ne sais, messire, il n'a pas dit son nom. Il porte des armes vermeilles et il est des plus vaillants. Je vous conseille de renoncer à votre projet.

Un vieux chevalier, qui avait été le maître de Clamedeu, s'avance et dit :

— N'écoutez pas ce jeune homme sans expérience. Ce serait folie de renoncer. Il est une façon aisée de faire la conquête de ce château qui vous résiste. Il n'y a plus rien à boire ni à manger à l'intérieur des murs. Nous sommes nombreux et en grande forme. Aucun d'entre eux n'osera sortir pour nous affronter. Si le vainqueur d'Anguingueron se présente, il sera vite pris ou tué car ses compagnons n'auront pas la force de le secourir.

Clamedeu répond :

— Votre conseil est bon. Nous allons le suivre.

Vingt chevaliers, prêts au combat, se tiennent devant la porte. Perceval ne tarde guère à sortir de l'enceinte fortifiée. Courageusement, il attaque ensemble tous ses adversaires. Il frappe, transperce, blesse, tue, abat, capture avec une rare vaillance. Il est impressionnant à voir à l'œuvre.

Les nombreux chevaliers et hommes d'armes de Clamedeu voient que les leurs sont mis en déroute. Ils se précipitent vers la porte du château qui est demeurée ouverte après la sortie de son défenseur. Les assiégés les reçoivent avec courage malgré leur faiblesse. Pourtant, ils sont vite obligés de reculer à l'intérieur de l'enceinte. Alors ceux qui sont demeurés en haut font retomber la lourde porte qui écrase et tue les assaillants qu'elle atteint.

Clamedeu des îles est affligé de ce spectacle. Il venait pour une conquête facile. Cette porte ainsi refermée lui barre le passage et elle a massacré nombre de ses gens. Il ne doute pas que ceux qui demeurent sains et saufs vont être faits prisonniers.

Le vieux chevalier dont il a suivi le conseil s'approche et lui dit :

— Il est vrai, messire, qu'aujourd'hui vous fut une journée défavorable. Rassurez-vous, il ne saurait en être toujours ainsi. Les assiégés ont l'air d'être victorieux, à cette heure, mais ils ne pourront tenir. Campons avec les nôtres autour du château. Bientôt la demoiselle, qui se refuse à vous, vous suppliera de la prendre. Vous serez maître de Blanchefleur et de sa place.

Aussitôt, les ordres sont donnés. Chacun se prépare à camper. Les tentes se dressent tout autour du château.

A ce moment, le vent pousse un bateau vers le rivage. Dès son approche, tous les assiégés vont s'enquérir. Ce sont des marchands. Leur embarcation est pleine de provisions de toutes sortes qu'ils cherchent à vendre. Tous les habitants du château disent :

— Béni soit ce vent qui eut la force de vous pousser jusqu'ici. Soyez sûrs que vous vendrez tout ce que vous nous proposerez, quel que soit le prix que vous en demanderez.

Les marchands ne demandent pas mieux. Ils font de bonnes affaires. Les vivres, en abondance, sont déchargés avec allégresse et empressement. Les assiégés ont maintenant des bœufs, des porcs, du blé et d'autres nourritures pour plusieurs mois. La cité semble renaître subitement, chacun s'active.

Les assiégeants apprennent la nouvelle. Leur fureur est grande. Clamedeu sait qu'il ne peut rien faire contre la partie du château qui donne sur la mer. La rage au cœur, il ordonne de lever le siège. Pourtant, il ne peut admettre de voir s'envoler la victoire qu'il croyait si proche. Quand tous ses hommes sont partis, il demeure seul après avoir envoyé un messager défier le chevalier défenseur du château.

Malgré les prières et les demandes de

tous, Perceval accepte de relever le défi. Blanchefleur le supplie de ne pas se mesurer à un combattant dont personne n'a pu triompher.

— A quoi bon, lui dit-elle, risquer d'aller périr ainsi. La paix est revenue au château. Vous avez assez œuvré. Nous n'avons plus rien à craindre de Clamedeu et des siens.

Perceval a pris sa décision. Blanchefleur n'obtient pas de lui qu'il renonce, quoiqu'elle accompagne chaque mot qu'elle dit, avec grande tendresse, d'un si délicieux baiser qu'elle lui met la clé d'amour en la serrure du cœur.

XIX

La libération du château

LE matin venu, malgré les lamentations de tous qui craignent pour sa vie, Perceval demande ses armes. Dès qu'on les lui a apportées, il se met en selle.

Il est prêt à affronter Clamedeu des îles. Celui-ci le voit venir. Il pense qu'il aura tôt fait de triompher de son adversaire.

Les deux chevaliers sont seuls dans la plaine. Ils ne prennent pas le temps de se défier. Ils savent pourquoi ils sont venus. La lutte va être âpre et farouche. En effet, les deux hommes se détestent, leurs armes sont fortes et leurs chevaux vigoureux.

Dès le premier choc, les lances se brisent sur les écus. Les deux combattants sont désarçonnés. D'un bond, ils se relèvent et chacun tire son épée. Aucun d'eux n'a l'intention de céder un pouce de terrain à l'autre. Longtemps la joute semble égale. A la fin, toutefois, Clamedeu doit s'avouer vaincu.

Tout comme Anguingueron, son sénéchal, Clamedeu des îles demande grâce. Il se soumet aux exigences de Perceval. Il refuse pourtant, lui aussi, de se rendre chez Blanchefleur ou chez Gornemant de Goort. Il accepte d'aller se soumettre à la volonté du roi Arthur. Perceval le charge du même message à l'intention de la jeune fille qui a ri et a été frappée par Keu. Clamedeu promet de faire tout ce qui lui a été ordonné. Perceval dit alors :

— Dès ce soir, avant de prendre la route de la cour du roi Arthur, tu libéreras tous les prisonniers que tu as capturés. Tu les laisseras rentrer sains et saufs. En outre, ni toi ni les tiens ne viendront plus jamais inquiéter ce château ni ses habitants. Mieux encore, s'il vient à être attaqué, tu chercheras à le défendre de toutes tes forces.

Clamedeu jure de respecter cet engagement.

Revenu en ses terres, il renvoie tous les prisonniers et se met en chemin sans s'attarder.

Au château de Blanchefleur, l'allégresse

est générale quand reviennent tous ceux qui ont si longtemps langui dans les geôles de Clamedeu des îles. Ils pensaient être mis à mort.

Toutes les cloches sonnent à toute volée et de grandes réjouissances sont organisées.

Anguingueron poursuit son chemin. Il ne sait pas qu'il est suivi par Clamedeu.

Le sénéchal arrive chez le roi Arthur. Il lui raconte son aventure. Le roi l'écoute attentivement puis il lui permet de transmettre son message à la demoiselle que Keu frappa.

Le jour suivant, on voit venir un chevalier. Anguingueron a tôt fait de le reconnaître. Il s'écrie :

— Messires, ce chevalier que vous voyez arriver n'est autre que mon seigneur Clamedeu des îles. Je le croyais le meilleur chevalier qui soit sur la terre. Assurément, il a été défait par ce chevalier aux armes vermeilles qui triompha de moi.

C'est le jour de la Pentecôte. L'heure de passer à table est venue. Personne ne parle en attendant que le roi Arthur invite à s'asseoir. Keu le sénéchal, dit alors :

— Sire, qu'attendons-nous pour manger?
Le roi Arthur répond :

— Keu, laissez-moi en paix. En ce jour solennel où toute la cour est rassemblée, je ne saurais toucher un seul plat avant d'avoir appris de ce chevalier inconnu des nouvelles d'importance.

Clamedeu entre dans la salle.

— Roi Arthur, Dieu te bénisse comme le roi le plus noble et le plus généreux qui soit. J'ai un message à te transmettre, quoiqu'il me coûte de le faire. Je me rends à toi comme prisonnier. J'ai été défait en loyal combat par un chevalier dont je ne puis pas même dire le nom. Il porte une armure vermeille qu'il prétend tenir de toi.

— Comment se porte-t-il?

— A merveille. C'est le plus vaillant combattant que j'aie rencontré. Mais je dois aussi parler à une demoiselle, celle que ton sénéchal a frappée parce qu'elle riait.

On montre la jeune fille à Clamedeu.

— Demoiselle, lui dit-il, celui qui m'envoie me prie de vous dire qu'il a toujours le désir de vous venger de la honte que vous avez subie alors que vous lui témoigniez de l'amitié.

Keu, le sénéchal, est fort contrarié de ce qu'il entend.

Le roi Arthur se tourne vers lui.

— Ah! Keu, il est vraiment dommage que, par votre faute, ce chevalier ne soit parmi nous. Je ne me console pas de son absence.

Pendant ce temps, Perceval connaît de délicieux moments auprès de Blanchefleur, son amie.

Il serait sans nul doute devenu le seigneur du domaine si une autre préoccupation ne retenait son cœur. Il repense à sa mère qu'il a laissée pâmée en la Gaste Forêt. Blanchefleur souhaite fort le retenir près d'elle, elle le lui dit avec grande tendresse. Tous les chevaliers, les dames et les demoiselles du château le supplient, à leur tour, de demeurer. Perceval n'en fera rien. Sa décision est prise. Il veut tenir la promesse qu'il s'est faite de ne séjourner nulle part, par agrément, avant de savoir ce qu'est devenue celle qu'il vit gisant sur le sol, le jour de son départ.

Et Perceval prend congé de Blanchefleur. Elle le voit partir avec tristesse. Il s'en va, la lance haute, armé comme au jour de son arrivée.

XX

Perceval chez le roi Méhaigné

ERCEVAL chevauche tout le jour sans rencontrer personne. Il ne cesse de penser à sa mère en désirant plus que tout la trouver en vie et en bonne santé.

Il descend une colline et parvient à une rivière. Il cherche comment il va pouvoir la traverser. Il longe la rive. Un rocher imposant lui barre le passage. A cet instant, il voit une barque descendre le courant. Deux hommes y sont assis. Perceval attend en espérant qu'ils viendront jusqu'à lui. Lorsqu'ils arrivent à sa hauteur, les deux hommes amarrent solidement leur barque, et l'un d'eux, un vieillard chenu, se met à pêcher.

Le chevalier les salue et leur dit :

— Messires, voudriez-vous m'indiquer si

un pont ou un gué permet de franchir ce cours d'eau?

— Hélas, mon ami, vous ne trouverez ni gué ni pont à moins de vingt lieues en amont comme en aval. Et notre barque est bien trop légère pour passer votre cheval.

— Pourriez-vous me dire alors où je peux trouver un logis pour la nuit?

— Je suis prêt à vous héberger, répond le vieillard chenu. Montez par ce passage. Vous verrez, du haut de la colline, un vallon avec une habitation. C'est là que je demeure.

Perceval le remercie et, sans plus attendre, monte la colline. Aussi loin qu'il regarde devant lui, il ne voit que ciel et terre. Il pense :

— Il est bien sot ce pêcheur qui m'a dit que je verrais une maison. Quelle déloyauté de sa part!

A peine a-t-il achevé sa pensée qu'il aperçoit un château. Il descend vers le vallon, en pensant, maintenant, grand bien de celui qui lui a indiqué la demeure.

Il franchit le pont-levis qui est déjà tout baissé. Il est bien accueilli à la porte. On s'empresse de lui ôter son armure. Son cheval est emmené.

Le chevalier est conduit dans une salle.

Au milieu de la pièce, le beau vieillard chenu qui pêchait est assis. Perceval le salue.

— Ami, répond le vieillard, ne m'en veuillez pas si je ne me lève pas pour vous accueillir. Je ne suis pas libre de mes mouvements.

— Ne vous souciez pas de cela, je vous en prie, messire.

— Approchez-vous et prenez place près de moi, je vous prie.

Alors que Perceval et son hôte parlent à loisir, paraît un jeune homme. Il tient une lance d'une éclatante blancheur. Une perle de sang coule à la pointe de l'arme. Perceval fait effort pour ne poser aucune question. Il se souvient du conseil de son maître. Puis une jeune fille très belle entre à son tour. Elle porte un précieux vase sacré d'une rare beauté. Une grande clarté illumine toute la pièce. A cette lueur les cierges pâlissent comme font les étoiles ou la lune lorsque le soleil se lève. Perceval reste muet, n'osant toujours rien demander.

La table est installée, la nappe est mise. Les mets les plus fins et les plus exquis sont servis. Pendant le premier plat, le vase passe de nouveau dans la salle. Il en est de même lors de la présentation de chacun des suivants. Perceval ne comprend toujours pas la signification de ce qu'il voit. Il se garde pourtant de rien dire. Il pense :

— Demain, en partant, je demanderai à un serviteur de m'expliquer le sens de ce à quoi j'assiste.

Les desserts les plus délicieux et les plus recherchés sont offerts ainsi que de délicates boissons. La soirée se passe.

Le vieillard chenu dit alors :

— Ami, l'heure est venue d'aller dormir. Je vais me faire conduire dans ma chambre car je ne peux me déplacer par moi-même.

Un lit est installé pour Perceval dans la salle. On l'aide à se coucher dans des draps de lin fin. Il dort jusqu'au lever du jour. Lorsqu'il s'éveille, toute la maison semble déjà sur pied. Pourtant personne ne vient l'aider. Il se lève, s'apprête, va prendre ses armes qu'il trouve au bout de la salle sans qu'il sache comment elles y ont été apportées. Quand il est prêt, il va frapper aux portes des autres pièces. Elles sont fermées. Il appelle. Nul ne répond. Étonné et las de crier en vain, il sort de la salle par la seule porte restée ouverte. Il descend dans la cour. Il trouve son cheval tout sellé.

Perceval visite chaque coin du château. Il ne rencontre personne. Il approche du

pont-levis qui est baissé. Alors qu'il se trouve au milieu du pont, il sent que celui-ci commence à se relever. Il pique des deux, son cheval fait un bond. Grâce à ce saut, le pont est franchi de justesse.

Perceval se retourne et crie :

— Dis-moi, toi qui as levé ce pont, pourquoi as-tu agi avec une telle précipitation ?

Seul le chant des oiseaux altère le silence.

Malgré tout, le chevalier poursuit :

— Qui que tu sois, montre-toi, parle. Écoute-moi, j'ai quelque chose à te demander.

Il n'obtient toujours aucune réponse. Alors il s'en va. Il suit des traces de chevaux fraîches. Il pense ainsi retrouver les habitants du château.

XXI

Perceval apprend la mort de sa mère

PERCEVAL avance dans le bois. Il rencontre une jeune fille. Près d'elle, gît le corps d'un chevalier mort. Elle pleure et se lamente. Perceval approche et salue la demoiselle. Elle lui rend son salut, en baissant la tête, sans interrompre ses plaintes. Le chevalier lui demande :

— Demoiselle, qui a tué celui que vous pleurez si amèrement ?

— Mon ami a été tué ce matin par un chevalier. Cette mort me frappe bien cruellement. Que me chaut de rester vivante maintenant qu'il n'est plus là ?

Après un silence, ponctué de larmes et de soupirs, elle dit encore :

— Mais je m'étonne fortement, messire, de ce que je vois. Votre cheval a les flancs unis et le poil lustré et vous-même semblez avoir passé une nuit reposante. Or, d'ici, on peut chevaucher dans toutes les directions sans trouver le moindre logis.

— Sachez, gente demoiselle, que j'ai passé une excellente nuit dans un château où j'ai été merveilleusement bien accueilli. Ce n'est guère loin. Qui pousserait d'ici un grand cri serait sans doute entendu du lieu où j'ai été hébergé.

— Vous avez sans doute alors été l'hôte du vieux roi pêcheur.

— Demoiselle, en vérité, je ne sais s'il est roi. Je l'ai aperçu hier soir, en train de pêcher. Il m'indiqua sa demeure. Il m'y reçut pour la nuit. C'est un homme âgé, sa tête est chenue et il ne peut se déplacer tout seul.

— Il est roi, soyez-en sûr. Il a perdu l'usage de ses jambes à la suite d'un coup de javelot. C'est pourquoi on l'appelle aussi le roi Méhaigné, c'est-à-dire mutilé. Il ne peut monter à cheval. Il ne lui est plus possible de chasser. Quand il veut se distraire, il se fait mettre dans une barque et s'en va pêcher. C'est de là que vient son nom : le roi pêcheur.

— Hier soir, il me pria de l'excuser de ne pas se lever pour m'accueillir et il me fit asseoir tout près de lui.

— C'est un grand honneur, assurément. Mais, dites-moi, n'avez-vous pas vu la lance qui saigne toute seule?

— Si, en vérité.

— Avez-vous demandé pourquoi elle saignait?

— Je m'en suis bien gardé.

— Et avez-vous vu le précieux vase sacré porté par une jeune fille?

— Oui, plusieurs fois.

— N'avez-vous toujours rien dit?

— Pas une parole.

— Voilà qui est grand dommage. Si vous aviez posé ces questions, le roi Méhaigné aurait été guéri. Il aurait recouvré l'usage de ses membres. Mais comment vous appelez-vous?

— Je suis Perceval le Gallois.

— Ah! infortuné Perceval. Tu ignores qui je suis, bien que j'aie été élevée dans la maison de ta mère. Je suis ta cousine.

— Savez-vous ce qu'est devenue ma mère?

— Hélas, oui. J'ai vu mettre en terre cette malheureuse femme. Elle est morte de chagrin et de douleur, par ta faute, le jour même de ton départ.

Perceval est tout affligé de cette nouvelle.

— Ce que vous me dites est bien cruel à entendre. J'espérais tant la revoir. Hélas, maintenant, je n'ai plus de raison de retourner en la Gaste Forêt. Je dois suivre une autre route. Je suis prêt à combattre celui qui a tué votre ami. Dites-moi quel chemin il a pris.

— Bien que je souhaite sa mort, je ne vous demande pas de le poursuivre. Je veux bien vous dire pourtant qu'il a pris cette direction après avoir accompli son forfait.

Perceval se sépare de la jeune fille. Elle reste près du corps de son ami. Elle ne veut pas le quitter avant qu'il soit mis en terre.

XXII

La joute contre l'Orgueilleux de la lande

DANS le chemin étroit que suit Perceval, un palefroi avance lentement devant lui. La bête semble fatiguée, elle est toute décharnée. A voir ainsi l'état de la monture, Perceval pense que c'est une bête qui n'est pas bien traitée. Ce palefroi est monté par une demoiselle d'allure misérable. Tous ses vêtements sont usés et abîmés. Elle aurait pourtant fière allure si elle était mieux vêtue. De même, elle serait fort belle si son visage ne portait maintes traces de larmes.

Perceval ne tarde pas à la rejoindre. En parvenant près d'elle, il l'entend se plaindre de son malheur. Il la salue. Elle baisse la tête et lui répond d'une voix extrêmement basse :

— Merci à toi qui me salues avec grande courtoisie malgré l'état où tu me vois réduite ; je souhaite que ton cœur rencontre tout ce qu'il désire. Pourtant, il n'est pas bien que je forme un tel souhait.

— Que voulez-vous dire, demoiselle, en quoi vous ai-je fait le plus léger tort ?

— Je suis si malheureuse que nul ne doit me saluer. Je suis morte d'angoisse dès que l'on me parle ou que l'on me regarde. Maintenant, de grâce, messire, fuyez !

— Moi, fuir ! Vous n'y pensez pas. Et d'où me viendrait une telle frayeur ?

— N'attendez pas que l'Orgueilleux de la lande revienne. S'il vous trouve ici, en ma compagnie, il vous tuera sans pitié. Il déteste tant que l'on m'adresse la parole qu'aucun de ceux qu'il a surpris n'a pu sauver sa tête. Il n'y a guère de temps qu'il a tué un chevalier pour cette raison.

Perceval pense à l'ami de sa cousine qui est mort sous les coups d'un chevalier le matin même.

A ce moment, l'Orgueilleux de la lande qui chevauchait devant revient sur ses pas. Il voit Perceval en compagnie de son amie. Aussitôt, il s'écrie :

— Malheur à toi, tu vas périr. Toutefois, avant de te tuer, je vais t'expliquer pour-

118

quoi j'inflige un pareil traitement à cette demoiselle. Un jour que je l'avais laissée seule, un jeune Gallois lui ravit un baiser. Elle m'affirma qu'il le lui avait pris de force, mais je ne sais si je puis la croire. En outre, il a emporté un anneau que je lui avais donné et qu'elle portait au doigt. Je l'ai condamnée à me suivre, en guenilles, sur un cheval qui ne serait pas soigné, tant que je n'aurai pas tranché la tête du coupable.

Perceval répond :

— Tu es au bout de ta quête. Sache que ton amie est pleinement innocente. Elle n'a dit que vérité. Le baiser et l'anneau lui ont bien été ravis de force. Je le sais mieux que quiconque car c'est moi qui ai fait cela. Je peux même te dire que j'ai mangé un de tes pâtés et bu de ton vin.

— Tu avoues donc que tu mérites la mort.

— La mort n'est pas si proche pour moi que tu le crois, se contente de répondre tranquillement Perceval, nullement inquiet.

Aussitôt, les deux chevaliers s'affrontent. Les lances sont vite brisées. Désarçonnés tous deux sous le choc, les adversaires poursuivent la joute à l'épée.

Quand Perceval a le dessus, l'Orgueilleux de la lande lui demande grâce.

— J'accepte, répond Perceval, à condition que tu regrettes sincèrement le traitement injuste que tu as fait subir à ton amie. Tu reconnaîtras son innocence, puis tu l'emmèneras dans ton château le plus proche. Tu la laisseras se baigner et se reposer. Quand elle aura recouvré pleine santé, tu la feras vêtir de beaux habits et vous irez tous deux à la cour du roi Arthur. Tu demanderas à voir la jeune fille que Keu frappa parce qu'elle avait ri et tu lui diras que je pense toujours à la venger.

L'Orgueilleux de la lande promet de faire tout ce que demande Perceval. Il emmène son amie qui est tout heureuse que son innocence ait été reconnue.

Et Perceval poursuit sa route.

Lorsque l'Orgueilleux de la lande et son amie arrivent, quelque temps après, à la cour du roi Arthur, tous s'émerveillent. Seul, Keu, le sénéchal, est profondément irrité. Le message, à l'intention de la jeune fille qu'il gifla et que vient dire l'Orgueilleux de la lande, après Anguingueron et Clamedeu des îles, lui déplaît fortement.

Messire Gauvain dit au roi Arthur :

— Sire, il est vraiment étonnant qu'un si jeune chevalier ait triomphé d'un combattant tel que l'Orgueilleux de la lande.

— Vous dites vrai, beau neveu, répond le roi. Vous savez combien je regrette que, par la faute de Keu, ce vaillant jeune homme ne soit pas parmi nous. Je désirerais si fort le rencontrer que je crois qu'il conviendrait que nous partions à sa recherche.

Nombreux sont les chevaliers qui pensent comme le roi Arthur. Tous prennent leurs dispositions pour accompagner leur suzerain. On prépare de nombreuses tentes et l'on charge les bêtes de somme de tous les bagages.

Un soir, le camp s'installe dans une belle prairie, à la lisière d'un bois. Cette nuit-là, la neige couvre le sol.

XXIII

Les gouttes de sang sur la neige

PERCEVAL chevauche dès l'aube. Le hasard de sa route le conduit sur une prairie gelée et couverte de neige près de laquelle campent le roi Arthur et tous ses barons.

Le chevalier se dirige vers les tentes. En chemin, il entend et aperçoit un vol d'oies sauvages. Elles sont éblouies par le reflet de la neige. Elles s'enfuient en grand tumulte, un faucon les poursuit. L'une d'entre elles se trouve séparée des autres. Le rapace la rejoint, la fait tomber et continue son vol. Perceval accourt. L'oie n'est pas profondément blessée. Avant que le chevalier puisse la saisir, elle s'envole de nouveau et s'élève dans le ciel.

Perceval voit la trace qu'elle a laissée sur

le sol. A cet endroit, la neige est plus tassée et trois gouttes de sang se sont répandues. Leur couleur paraît naturelle. Perceval s'appuie sur sa lance et regarde. Le sang et la neige, ainsi associés, évoquent, pour lui, les douces couleurs de son amie. Il en devient si pensif et songeur qu'il oublie où il est. Le rêve est si plaisant qu'il ne peut détacher ses yeux du sol. Il croit vraiment contempler le frais visage au teint si délicat de la belle Blanchefleur.

Perceval rêve longtemps, les yeux fixés sur les trois gouttes de sang.

Le camp du roi Arthur s'éveille. Des écuyers sortent des tentes. Ils voient, au loin, Perceval ainsi perdu dans ses pensées. Ils pensent qu'il sommeille. Le roi Arthur dort encore mais Sagremor est levé. Ses écuyers vont vers lui.

— Messire, disent-ils, nous avons vu dans la plaine un chevalier qui semble dormir sur sa monture.

— Est-il armé ?

— Oui, messire.

Dès que le roi Arthur se lève, Sagremor va le trouver et lui dit la nouvelle.

— Allez à sa rencontre et faites-le venir parmi nous, répond le roi.

Sagremor s'arme, monte à cheval et

s'élance. Il parvient à la hauteur de Perceval.

— Messire, dit-il, vous devez venir parmi nous, auprès du roi Arthur.

Perceval ne bouge pas. Il donne l'impression de n'avoir pas entendu. Sagremor répète son invitation. Il n'obtient que le même silence en guise de réponse. Il est pris de colère.

— Messire, vous y viendrez de gré ou de force, j'ai perdu mon temps en courtoisie.

Il recule, lance son cheval et crie à Per-

ceval de se mettre en garde. Perceval jette
un coup d'œil de son côté et le voit venir de
toute la vitesse de son destrier. Il quitte sa
rêverie et se jette à son tour contre l'agres-
seur. Le choc est rude. La lance de Sagremor est brisée. Celle de Perceval ne rompt
ni ne plie. Elle heurte Sagremor avec une
telle violence que le chevalier est désarçonné et qu'il s'abat au milieu de la plaine.
Son destrier s'enfuit et rejoint les tentes.
Tous ceux qui se lèvent le voient venir.

Keu, le sénéchal, qui aime railler, dit au roi Arthur :

— Sire, je me demande si Sagremor nous amènera le chevalier que vous l'avez envoyé chercher, car le voici qui revient vers nous précédé de son cheval.

— Keu, répond le roi, puisque vous savez si bien vous moquer de ceux qui sont parmi les plus vaillants, allez-y donc vous-même. Nous verrons bien comment vous vous tirerez d'affaire.

— Bien volontiers, répond le sénéchal. Je vous sais gré, sire, de m'adresser une telle demande. Je vous amènerai ce chevalier, soyez-en sûr. Qu'il le veuille ou non, nous saurons qui il est.

Le sénéchal demande ses armes, enfourche son destrier et s'élance vers Perceval. Celui-ci a repris sa muette et profonde contemplation. Rien ne compte plus au monde pour lui, en ce moment, que les trois gouttes de sang sur la neige.

En s'approchant, Keu crie à Perceval :

— Vassal, venez, le roi Arthur vous le demande. Obéissez, sinon il vous en coûtera.

Perceval entend la menace. Ce ton lui déplaît fortement. Il pique des deux. Les deux chevaliers se heurtent violemment.

Keu rompt sa lance sur l'écu de Perceval. Elle vole en mille morceaux. Le sénéchal est désarçonné. Il tombe sur une grosse pierre. Il est tout meurtri. Le choc lui a démis la clavicule et brisé le bras droit. Il souffre tant qu'il est sur le point de perdre connaissance. Son cheval fuit vers les tentes du camp.

Les chevaliers du roi Arthur voient revenir le destrier. Ils se précipitent vers Keu. Ils le trouvent évanoui. Tous le croient mort et ressentent une peine profonde. Un médecin l'examine et rassure le roi Arthur. Ensuite, aidé d'habiles jeunes filles, il remet la clavicule et rapproche les fragments disjoints de l'os brisé. Keu revient à lui. On le réconforte. Il guérira mais devra faire preuve de patience.

Perceval est de nouveau appuyé sur sa lance à contempler les gouttes de sang sur la neige.

Messire Gauvain dit au roi :

— Sire, est-il juste que nos chevaliers soient allés ainsi déranger un autre chevalier dans sa rêverie et ses pensées ? Peut-être songe-t-il à un être disparu ou à une amie qui lui est chère. Avec votre accord, je vais aller le trouver et, s'il consent à m'écouter, je le prierai de venir vers vous.

— Voilà ce que l'on appellera une joute glorieuse de messire Gauvain! raille Keu.

— Je vous en prie, Keu, répond le neveu du roi Arthur. Ne cherchez pas à vous venger à mes dépens de la colère que vous causent votre défaite et votre douleur. Je vous affirme, par ma foi, que je ramènerai le chevalier et qu'il ne m'en coûtera ni bras cassé ni clavicule démise.

Le roi Arthur dit :

— Mon neveu, vous parlez en homme sage et en chevalier courtois. Agissez selon votre idée.

XXIV

Perceval
Chevalier de la Table Ronde

MESSIRE Gauvain se fait armer. Il monte sur un destrier vif et alerte. Il se dirige vers Perceval.

Le soleil a fait fondre deux des gouttes de sang qui rougissaient la neige. Déjà, la troisième pâlit. Perceval quitte peu à peu sa rêverie.

Le neveu du roi Arthur s'approche doucement.

— Messire, dit-il, je ne peux vous saluer comme je le souhaiterais car j'ignore qui vous êtes. Je suis envoyé par le roi Arthur. Il désire votre compagnie.

— Deux chevaliers sont déjà venus. Ils voulaient m'emmener comme s'ils m'avaient conquis et fait prisonnier. En outre, trois gouttes de sang qui illuminaient la neige me donnaient l'impression de contempler le doux visage de ma belle amie. Il n'était pas question pour moi de quitter un si touchant spectacle.

— Vos pensées vous honorent, messire. C'était folie de vouloir vous arracher à votre rêverie. Consentez-vous, maintenant, à répondre à la prière du roi?

— Sans aucun doute, messire.

Sur le chemin du camp, Perceval demande :

— Dites-moi, messire, Keu, le sénéchal, est-il au camp?

— Oui, en vérité. Il vient de jouter contre vous. Il est fort mal en point. Votre coup fut si rude qu'il a le bras droit cassé et la clavicule démise.

Perceval s'écrie, plein de gaieté :

— J'ai donc bien vengé la jeune fille au joli rire qu'il avait frappée.

Messire Gauvain est surpris de ces paroles.

— Ah! messire, vous êtes donc celui que le roi Arthur cherche entre tous. Me direz-vous qui vous êtes?

— Je suis Perceval le Gallois. Et vous, messire, m'apprendrez-vous votre nom?

— Je ne l'ai jamais caché. Je suis Gauvain, le neveu du roi Arthur.

130

— Je sais que l'on n'entend partout que louanges de votre courage et de votre vaillance. Il n'est rencontre qui pouvait me plaire davantage.

Les deux chevaliers s'approchent du camp en grande joie. Ceux qui les voient venir préviennent le roi.

— Sire, messire Gauvain revient. Il amène le chevalier inconnu avec lui et tous deux semblent grands amis.

Perceval et messire Gauvain parviennent devant le roi Arthur. Celui-ci est assis devant sa tente.

— Sire, voici celui que vous désiriez si fort rencontrer.

— Grand merci, beau neveu.

Puis le suzerain se tourne vers Perceval.

— Soyez le bienvenu, bel ami. Comment dois-je vous nommer?

— Sire, j'ai nom Perceval le Gallois.

— Bel ami doux, demeurez en ma cour. La jeune fille ne s'était pas trompée lors de votre première venue. J'ai su tous vos exploits.

La reine Guenièvre apprend l'arrivée de Perceval. Elle se rend auprès du roi Arthur. Elle est accompagnée de la jeune fille au joli rire. Perceval salue la reine.

— Dame, que Dieu donne joie et honneur à la meilleure de toutes les dames qui soient au monde.

— Soyez le bienvenu, messire, vous avez prouvé votre vaillance.

Ensuite, Perceval salue la jeune fille au joli rire.

— Demoiselle, sachez que, si c'était nécessaire, je serais pour vous le chevalier dont l'aide ne fait pas défaut.

— Grand merci, messire. J'ai vu combien vous teniez parole, répond la jeune fille en souriant.

Quelques jours plus tard, le roi Arthur et ses barons sont de retour à Camaaloth.

A l'heure du repas, Perceval pense, par modestie, prendre place à l'une des tables les plus basses où se tiennent les chevaliers de moindre renommée. A ce moment, une des demoiselles de la reine Guenièvre s'approche de lui. Elle est muette depuis sa naissance. A cause de cela, tous l'appellent : « La demoiselle qui jamais ne mentit. » Elle regarde longuement Perceval en pleurant de tendresse. Et il se produit une chose merveilleuse. Elle, qui n'a jamais parlé, s'écrie, d'une voix si claire et si haute que chacun peut l'entendre :

— Chevalier, viens prendre place à la Table Ronde.

Elle prend Perceval par la main et le conduit près du siège périlleux, celui où nul ne peut s'asseoir sans périr, ainsi que l'a prédit Merlin l'Enchanteur. La demoiselle dit alors :

— Voici le siège où prendra place, le moment venu, le meilleur des meilleurs. Bohor aura place à sa gauche. Toi, assieds-toi à sa droite.

Perceval prend ainsi place parmi les Chevaliers de la Table Ronde.

La demoiselle s'en retourne, et plus jamais on n'entendit le son de sa voix.

XXV

La venue de la fille du roi Pellès

LE roi Arthur décide de tenir une grande cour. Il envoie des messagers dans toutes ses terres. Il désire que tous ceux de Petite-Bretagne, d'Écosse, d'Irlande et de Cornouailles puissent y venir.

La nouvelle parvient jusqu'au Château Aventureux où demeure le roi Pellès. Sa fille lui demande la permission de se rendre à la cour. Elle a grande envie de revoir Lancelot qu'elle aime si fort et de qui lui est né un fils : Galaad. Le roi accepte et la jeune fille escortée de quarante chevaliers part pour Camaaloth en compagnie de Brisane et de demoiselles pour la servir.

Le roi Arthur et la reine Guenièvre lui font bon accueil tant à cause de sa grande beauté qu'en raison de la noblesse de son lignage. Tous se mettent en peine pour la servir et lui être agréable. Elle n'a toutefois d'yeux que pour Lancelot.

Un soir, la reine fait porter un message secret à Lancelot. Il y est dit qu'elle l'enverra chercher pendant la nuit, quand tous seront endormis. Brisane surprend le message. Elle décide d'agir.

Dès que Lancelot est couché, elle lui envoie une jeune fille qui dit au chevalier :

— Messire, ma dame vous prie de venir tout de suite auprès d'elle.

Aussitôt, Lancelot la suit, persuadé que la jeune fille vient de la part de la reine Guenièvre. Mais la demoiselle est au service de la fille du roi Pellès. C'est chez cette dernière que le chevalier est conduit. Lancelot ne se rend compte de rien tant il fait sombre dans la pièce.

Peu après, la reine Guenièvre envoie une jeune fille à qui elle peut se fier comme à elle-même chercher Lancelot. La demoiselle revient et dit :

— Dame, Lancelot n'est pas dans sa chambre.

Après quelque temps, la reine envoie de nouveau la jeune fille. Celle-ci revient et fait la même réponse. La reine Guenièvre décide d'aller voir elle-même.

Elle constate que la chambre est vide. Fort contrariée, elle retourne chez elle. Elle passe devant une pièce dans laquelle elle entend parler. Elle s'arrête, écoute et reconnaît la voix de Lancelot. Elle ouvre précipitamment la porte, entre dans la chambre et saisit le chevalier par le bras.

— Ah! traître, larron, déloyal! C'est ainsi que vous vous conduisez. Fuyez d'ici sur-le-champ et ne reparaissez plus jamais à mes yeux.

Lancelot est éperdu de douleur. Il comprend qu'il a de nouveau été joué. Il s'en va.

La fille du roi Pellès dit en pleurant à la reine Guenièvre :

— Dame, vous n'avez pas bien agi en chassant ainsi le plus valeureux de tous les chevaliers. Vous connaîtrez de grands remords pour ce geste.

— Demoiselle, tout cela est de votre faute.

La fille du roi Pellès explique à la reine Guenièvre qu'elle aime Lancelot plus que tout être mais qu'elle sait bien qu'il n'aime que la reine. Là est la raison de son subterfuge.

Alors la reine Guenièvre commence à

pleurer et fait montre du plus grand chagrin du monde.

— Ah, que l'ai-je ainsi chassé ! pense-t-elle.

Sans tarder, Lancelot sort de la ville et s'enfuit à travers la campagne sans savoir où il va. Il se lamente :

— Ah ! Camaaloth, ville si riche en si nobles seigneurs, ville où se trouve la dame à qui je tiens tant ! par ta faute, je suis maudit.

Et le chevalier souhaite la mort.

XXVI

L'errance de Lancelot

PENDANT une semaine, Lancelot erre dans les endroits les plus déserts, les lieux les plus sauvages de la forêt. Il va au hasard. Il ne cesse de gémir. Il ne s'arrête ni le jour ni la nuit. Il ne boit ni ne mange. Rapidement, il dépérit. Sa tête se vide. Il devient comme fou. Son visage est tout maigre. Le chevalier est aussi sale que celui qui ne connaît d'autre eau que celle tombée du ciel. Personne ne peut le reconnaître.

Un jour de grand froid, il arrive devant une tente dressée dans une clairière. Un poteau est planté à l'entrée. Une lance, un écu et une épée sont accrochés.

Aussitôt, Lancelot dégaine son épée, frappe de grands coups sur la lance qu'il brise et sur l'écu qu'il fend. Il crée un grand tumulte. Ce fracas fait sortir le chevalier de la tente. Il voit Lancelot. Il comprend vite que ce dernier a perdu le sens. Il pense :

— Ce serait une noble action que de recueillir cet homme et de le ramener à la raison.

Il court prendre des armes et s'approche. Lancelot le voit arriver.

— Laissez-moi combattre tout seul, crie-t-il.

Le chevalier continue d'avancer. Lancelot lui assène un tel coup qu'il l'assomme. Il jette son épée, entre dans la tente. Il y trouve une jeune fille. Elle crie d'effroi et s'enfuit hors de la tente bien qu'elle ne soit vêtue que d'une chemise et qu'il fasse grand froid. Lancelot saute dans le lit qu'il trouve tout chaud et s'endort, épuisé.

La demoiselle a rejoint son ami. Elle délace son heaume. Puis elle le soigne et le réconforte du mieux qu'elle peut.

— En vérité, dit le chevalier en revenant à lui, cet homme doit être un grand chevalier. Je ne pensais pas que l'on puisse donner des coups tels que ceux que je viens de recevoir.

Aidé de son écuyer, il profite du sommeil de Lancelot pour lui lier les jambes et les mains. Au matin, il le fait transporter dans son château.

Lancelot est bien soigné, bien nourri et convenablement vêtu. Il retrouve sa beauté et son air paisible. Toutefois, il ne guérit pas. Son mal persiste au fond de son cœur.

Un jour, il reprend son errance. Il redevient maigre et sombre. Au bout de quelque temps, le hasard de ses pas le conduit au Château Aventureux. Il pénètre dans la cité.

Des enfants qui jouent s'aperçoivent de sa folie. Ils lui jettent de la boue et de la terre en se moquant de lui. Ainsi pourchassé, il parvient au palais. On le prend pour un pauvre vagabond. Par pitié, on lui donne à manger et à boire. Le pauvre hère va ensuite se coucher sur un peu de foin dans une étable voisine.

Un jour que Lancelot sommeille dans le verger, la fille du roi Pellès, qui se divertit avec ses demoiselles, vient se cacher près de l'endroit où il se trouve. Elle voit cet homme qui se repose. Elle prend peur, d'abord. Puis, elle le regarde avec attention. Elle laisse ses compagnes et s'en va aussitôt trouver son père.

— Sire, je viens de connaître une bien étrange aventure.

— Quoi donc, ma fille?

— Suivez-moi, je vous prie, jusqu'au verger.

Le roi Pellès observe longuement le chevalier.

— C'est bien Lancelot, dit-il, mais dans quel triste état! Nous essaierons de le sauver.

Il recommande à sa fille de ne rien dire à personne. Il fait transporter Lancelot à l'intérieur du palais. Il le laisse seul dans une pièce. Soutenu par d'invisibles mains, le précieux vase sacré la traverse. Lancelot se sent soudainement guéri. Il recouvre son droit sens et sa mémoire. Il reprend ses esprits et reconnaît le Château Aventureux. Il sort de la pièce et rencontre le roi Pellès.

— Sire, Dieu vous bénisse et vous protège!

— Vous aussi, messire.

— Sire, quelqu'un m'a-t-il reconnu?

— Personne, hormis ma fille et moi-même.

— Je ne puis retourner au royaume de Logres. Dites-moi où aller. Je voudrais demeurer en un lieu où nul ne sache qui je suis.

— Je possède, près d'ici, une île inhabitée. Vous pouvez vous y rendre.

— Soyez remercié, sire.

Et Lancelot se retire, accompagné de quelques écuyers pour le servir, dans l'île du roi Pellès.

Il se fait indiquer l'endroit du rivage le plus proche du royaume de Logres. Chaque jour, il vient s'y asseoir et garde longuement le regard tourné vers ce pays où l'attire son cœur.

XXVII

Perceval en quête de Lancelot

PERCEVAL séjourne à la cour du roi Arthur où il est fort honoré. Il trouve, toutefois, que, depuis son arrivée, il n'a guère eu l'occasion de briller dans des joutes ou de réaliser d'exploits mémorables. Il ne veut pas que l'on croie qu'il préfère la compagnie paisible aux dangereux affrontements.

Perceval se rend compte combien l'absence de Lancelot pèse à tous. La reine Guenièvre s'en afflige. Perceval décide de se mettre sur-le-champ en quête du chevalier. Il ne reviendra qu'il ne sache ce qui est advenu à ce dernier. Il tient à ce que son entreprise demeure secrète.

Un soir, quand tout le monde est couché et endormi, le jeune Gallois prend ses armes, selle son cheval et part sans mot dire.

Il chevauche plusieurs jours. Un matin, il fait une rencontre étonnante. Il voit un chevalier, sans heaume ni écu ni lance, attaché à une énorme pierre par une solide chaîne qui lui entoure le corps.

Perceval s'approche. Le chevalier enchaîné lui crie :

— Ami, si tu es loyal chevalier, tu ne peux me laisser dans cette triste situation. Viens me délivrer.

— Par ma foi, je ne peux vous laisser endurer plus longtemps pareil supplice, répond Perceval.

— La tâche est délicate. Il te faut rompre cette chaîne d'un seul coup d'épée, sans me meurtrir.

— N'ayez aucune inquiétude, messire. Je couperai le dernier anneau au ras de votre haubert. Ainsi vous demeurerez libre du moindre maillon. Je saurai bien œuvrer sans vous faire le moindre mal.

Perceval lève l'épée. Il la prend à deux mains. Il prépare bien son geste. Rapidement il laisse retomber l'arme. D'un seul coup bien ajusté, il tranche la chaîne en effleurant à peine le haubert. Le chevalier est libre. Il n'a éprouvé aucune douleur. Pourtant, le coup a été si violent que la pierre est fendue.

— Messire, dit le chevalier libéré, je ne sais comment vous remercier. Vous venez de faire là une prouesse étonnante. Me direz-vous qui vous êtes?

Mais Perceval ne l'entend pas. Il a rangé son arme, est remonté à cheval et il est reparti en quête de Lancelot.

Longtemps, le chevalier gallois chevauche solitaire. Il va en de nombreuses contrées, parcourt maints pays et rencontre beaucoup de gens. Il vient en aide à ceux qui sont en difficulté. Il croît en sagesse et expérience tout en conservant son cœur simple et droit.

Un jour, alors que l'après-midi touche à sa fin et que le soleil commence à décliner, Perceval parvient sur la rive d'une belle rivière large et profonde. Au milieu de l'eau, se trouve une île où se dresse une grande tente. Le chevalier souhaite s'y rendre. Il voit bien qu'il ne peut passer le cours d'eau à gué. Il se demande comment il va pouvoir le franchir pour atteindre le rivage de l'île.

Arrive alors une très belle dame, à la

démarche la plus noble et la plus gracieuse. Elle mène un enfant d'une rare beauté. Ils ont la compagnie d'une joyeuse troupe de chevaliers et de demoiselles.

Cette dame est la fille du roi Pellès. Elle vient souvent se promener le long de la rivière, avec le fils qui lui est né de Lancelot et qui a nom Galaad. Elle peut ainsi apercevoir parfois, de loin, celui qu'elle continue de tant aimer.

Perceval s'approche du groupe. Il salue la fille du roi Pellès avec grande courtoisie.

— Demoiselle, lui demande-t-il ensuite, pourriez-vous m'indiquer comment me rendre dans cette île ? Je ne vois ni pont, ni gué, ni embarcation.

— Messire, je dois vous dire que celui qui y séjourne ne désire la visite de personne.

— Demoiselle, poursuit Perceval, peut-être me direz-vous alors si vous avez quelque nouvelle de Lancelot du Lac de qui je suis en quête.

La fille du roi Pellès tressaille à ces mots. Elle retient à grand-peine d'amères larmes. Elle songe que celui auquel est si attaché son cœur va s'éloigner d'elle. Elle soupire :

— Puisqu'il en est ainsi...

Elle montre gracieusement à Perceval

une petite barque dissimulée sous des roseaux et elle lui dit :

— Messire, votre quête est parvenue à son terme. Celui que vous cherchez est en cette île.

La fille du roi Pellès s'éloigne, triste et dolente.

Perceval attache son cheval. Il traverse la rivière et débarque sur l'île. Il s'approche de la tente.

Il jette son écu, ôte son heaume, déceint son épée et la pose devant lui. Il s'agenouille.

Lancelot sort de la tente. Il est tout étonné de voir le chevalier à ses genoux.

— Messire, dit Perceval, Monseigneur le roi et Madame la reine vous prient de revenir auprès d'eux.

— C'est impossible, répond Lancelot, la reine m'a chassé de la cour.

— Je vous parle en toute loyauté, messire. La reine Guenièvre souhaite et désire votre retour.

— Alors, je ferai la volonté de ma dame.

Lancelot va prendre congé du roi Pellès et de sa fille. Celle-ci est fort dolente de le voir partir. Le chevalier se met en route en compagnie de Perceval. Après avoir chevauché quelques instants, tous deux se retournent pour voir une dernière fois le Château Aventureux. Mais celui-ci a disparu comme lors de la première venue de Lancelot.

Les deux chevaliers parviennent enfin à Camaaloth.

Le roi Arthur, la reine Genièvre, tous les chevaliers et toutes les demoiselles du royaume de Logres qui sont là connaissent une grande liesse. Ils réservent le meilleur accueil aux deux compagnons. Le cœur de la reine Guenièvre, qui avait tant souffert de l'absence de Lancelot, déborde de joie.

Une autre quête attend les Chevaliers de la Table Ronde. Elle sera longue et riche en événements. Mais, auparavant, chacun raconte toutes les aventures qu'il a vécues et les clercs les écrivent, afin que, loin de demeurer inconnues, elles franchissent les limites du temps, pour notre plaisir et notre émerveillement.

TABLE

Imprimé en Belgique par Casterman, s.a. Tournai, mars 1985. N° édit.-impr. 1833.
Dépôt légal: 2ᵉ trimestre 1981: D. 1981/0053/18.
Déposé au Ministère de la Justice. Paris.
(Loi n° 49.956 du 16 juillet 1949 sur les publications destinées à la jeunesse).

l'ami de poche **casterman**